LA COMTESSE

DE SALISBURY

PAR

ALEXANDRE DUMAS.

Deuxième Édition.

VI

PARIS
ALEXANDRE CADOT, ÉDITEUR,
32, RUE DE LA HARPE.

1848

LA COMTESSE DE SALISBURY.

OUVRAGES DE FONDS.

La Princesse des Ursins, par A. DE LAVERGNE.	2 v. in-8
Un Gentilhomme d'aujourd'hui, par LE MÊME	3 v. in-8
Le dernier Seigneur de village, et **Le Secret de la Confession**, par LE MÊME. .	2 v. in-8
L'Ouvrier Gentilhomme, par MAX. PERRIN.	2 v. in-8
La Grisette parvenue, par LE MÊME	2 v. in-8
La Fille à Jean Remy, par LE MÊME. . . .	2 v. in-8
Lieutenant et Comédien, par E. M. SAINT-HILAIRE.	2 v. in-8
Piquillo Alliaga, par E. SCRIBE.	11 v. in-8
Les deux Marguerite, par Mme CH. REYBAUD .	2 v. in-8
Manoir et Châlet, par BONNELLIER.	2 v. in-8
Fauvella, par LE MÊME	2 v. in-8
Une sombre histoire, par MORTONVAL . . .	2 v. in-8
Cric-Crac, par ÉDOUARD CORBIÈRE.	2 v. in-8
Vrais mystères de Paris, par VIDOCQ. . . .	7 v. in-8
Une femme compromise, par MOLÉ-GENTILHOMME	2 v. in-8
Mademoiselle Zacharie, par DENOIRESTERRE.	2 v. in-8
Mystères du Cloître, par VILLENEUVE. . . .	2 v. in-8
La famille Pitou, par GAUTEREAU	2 v. in-8
Une prédiction, par LE MÊME	1 v. in-8
Souvenirs du maréchal Bugeaud	2 v. in-8
Le bord de l'eau, par ALPHONSE BROT . . .	2 v. in-8
Les Flavy, par Madame DE BAWR.	2 v. in-8
Ce Monsieur, par PAUL DE KOCK	6 v. in-12
L'amoureux transi, par LE MÊME.	3 v. in-12

Sceaux. — Imprimerie de E. Depée.

LA COMTESSE
DE SALISBURY

PAR

ALEXANDRE DUMAS.

Deuxième Édition.

VI

PARIS
ALEXANDRE CADOT, ÉDITEUR,
32, RUE DE LA HARPE.
—
1848

Confiant dans son sauf-conduit, Gautier ne cachait son nom nulle part; et lorsqu'il était arrêté, il montrait sa lettre et passait.

Cependant, arrivé à Saint-Jean-d'Angély, Gautier trouva un capitaine moins accommodant que les autres, et qui, soit qu'il n'eût pas grande foi dans ce sauf-conduit, soit qu'il l'interprètât d'une façon particulière, voulut retenir prisonnier le chevalier et les vingt hommes qui l'accompagnaient.

Ceci n'était point l'affaire de Gautier car il n'était pas en force pour résister. Il fallut donc discuter avec le capitaine qui paraissait fort entêté.

Cependant il voulut bien se laisser convaincre, mais à la condition que Gautier laisserait dix-sept de ses hommes en ôtage, et n'en emmenerait que trois.

Il fallait bien en passer par là, à charge

de revenir un jour avec deux mille hommes reprendre ses dix-sept compagnons s'il n'y avait pas d'autre moyen de les délivrer.

Gautier consentit à ce que demandait le capitaine et se remit en route avec ses trois hommes.

Cela donna à penser à notre voyageur et il commença à être plus prudent. Mais sa prudence ne devait pas lui servir beaucoup, car, arrivé à Orléans, il trouva un capitaine encore moins accommodant que l'autre, et qui cette fois, quelques raisons que lui donnât Gautier, ne voulut entendre à rien ; et tenant à néant les lettres du duc de Normandie, fit bel et bien prisonniers Gautier et ses trois hommes.

Mais ce n'était pas tout.

Les quatres compagnons furent envoyés à Paris, et messire Gautier de Mauny emprisonné au Châtelet comme étant un de ceux qui avaient fait le plus de mal à la France.

C'était triste.

Cependant le duc de Normandie informé de ce qui se passait vint trouver le roi, et lui dit :

— Mon père, un emprisonnement injuste a eu lieu.

— Contre qui ? demanda Philippe.

— Contre messire Gautier de Mauny.

Le roi regarda son fils.

— Gautier de Mauny, lui dit-il; un des capitaines du roi d'Angleterre ?

— Oui, Sire.

— Mais cet homme est de bonne prise, il me semble; et il nous a fait assez de mal pour que nous le retenions prisonnier, en admettant que nous nous contentions de ce châtiment.

— Sire, réplique le duc, messire Gautier de Mauny n'a pas été fait prisonnier les armes à la main, mais lorsqu'il se rendait tranquillement auprès du roi, son maître, et pourvu d'un sauf-conduit signé de de moi.

— Et comment se fait-il que le sire Gautier de Mauny eût un sauf-conduit signé de vous, demanda le roi.

— Gautier de Mauny, Monseigneur, avait fait prisonnier un vaillant chevalier de mon armée, alors que nous étions devant Aiguillon. Il n'a demandé que ce sauf-conduit pour toute rançon et je le lui ai donné. Vous voyez bien, mon père, qu'il faut que ce chevalier soit mis en liberté, sans quoi je serais un prince déloyal, et j'aurais manqué à ma parole, ce que ne doit pas faire le plus humble sujet et à plus forte raison le fils du roi de France.

— C'est possible, répondit Philippe,

mais en temps de guerre, toute prise est bonne, surtout quand il s'agit d'un homme aussi dangereux que celui dont vous me parlez. Notre adversaire Édouard III ne faisait pas tant de façons.

— Sire, le roi Édouard III, reprit le duc, a sauvé la vie à dix-sept cents Calaisiens, que Jean de Vienne avait renvoyés de Calais, et qui sans le roi d'Angleterre seraient morts de faim et de froid.

Philippe VI ne répondit rien.

— Mon père, reprit alors le duc, ce n'est pas grâce, mais justice que je demande. Il faut que cet homme soit mis en liberté.

— Et de quel droit faut-il cela?

— Du droit qu'il avait de voyager librement, voyageant sur ma parole.

— Attendez que nous soyons mort, messire, dit alors le roi, et vous donnerez des sauf-conduits, si bon vous semble, à tous vos ennemis pour qu'ils pillent et incendient librement notre beau pays de France qui sera vôtre alors; mais tant que je vivrai, je ferai là-dessus ce que bon me semblera. Quant à ce Gautier de Mauny, non-seulement il ne sera pas libre, mais il mourra comme sont morts Clisson et Malestroit, et comme mourront tous ceux qui auront porté atteinte au bonheur et au repos de notre royaume, lorsque Dieu me les enverra.

Le duc de Normandie devint pâle.

— C'est bien, mon père, répondit-il froidement.

— D'ailleurs, ajouta le roi, ce sera un bon auxiliaire de moins pour Édouard.

— Et un bon auxiliaire de moins pour le roi Philippe VI.

— Que voulez-vous dire ?

— Je veux dire, Monseigneur, que tant que Gautier de Mauny ne pourra pas combattre pour son roi, le duc de Normandie ne combattra pas pour le sien.

Ce fut au tour du roi de pâlir.

— Mon fils m'abandonne, dit-il.

— Votre fils ne vous abandonne pas,

Monseigneur, mais votre fils veut que l'on sache bien qu'il s'imposera une punition éclatante chaque fois qu'il aura donné sa parole et qu'il ne pourra la tenir. Non-seulement je ne m'armerai pas contre le roi d'Angleterre, mais j'en détournerai tous ceux que je pourrai.

— Une trahison!

— Pour une trahison, oui, mon père.

Philippe se leva, et le duc après s'être incliné s'apprêta à prendre congé de lui.

— Qu'allez-vous faire? dit le roi.

— Monseigneur, je vais quitter votre hôtel, aller dire moi-même à messire Gautier de Mauny ce qui vient de se passer, et je ne reviendrai que le jour où il sera libre.

Le duc de Normandie sortit alors, laissant Philippe VI en proie à une violente colère.

La chose fit grand bruit, car le duc ne se donna pas la peine de la cacher.

Cependant le roi ne paraissait pas changer d'avis.

Il est vrai que les préparatifs de mort ne se faisaient pas.

Enfin Philippe VI fut tellement conseillé, qu'il finit par ordonner la mise en liberté de Gautier de Mauny.

Alors il envoya près de son fils un chevalier du Hainaut, nommé messire

Mansart d'Eme, pour lui dire qu'il pouvait venir au Louvre et que son protégé était libre.

Ce n'était pas assez pour le duc.

Il fit répondre au roi qu'il ne retournerait auprès de lui qu'accompagné de Gautier de Mauny, à qui il dirait lui-même ce qu'il avait dit et fait en apprenant sa captivité.

Philippe y consentit.

Gautier de Mauny sortit de prison, et le duc de Normandie l'amena à l'hôtel de Nesle, où était le roi.

— Sire, dit le duc, à son père, veuillez dire à messire Gautier de Mauny que j'ai pris une part si vive à son injuste arrestation, que j'ai oublié un moment ce que je devais à mon père et à mon roi.

— C'est vrai, répondit Philippe VI, et il tendit la main au duc. Aussi, continua-t-il en s'adressant à Gautier, je ne veux pas que vous nous quittiez, messire, sans être sûr de notre regret de vous avoir gardé si longtemps. Ne vous en prenez de cette captivité qu'à votre grande réputation de bravoure que nous nous plaisons à reconnaître ici.

Le soir même, Gautier dîna en l'hôtel de Nesle avec le roi, le duc de Normandie et d'autres des plus grands seigneurs de France.

A la fin du repas, Philippe prit des

joyaux qui valaient un millier de florins, et les offrant à Gautier il lui dit :

— Messire, acceptez ces dons que nous voulons vous faire et que vous garderez en souvenir de nous.

— Je les accepte, répondit Gautier, pour l'honneur du roi qui me les offre ; mais je ne m'appartiens pas, Sire, j'appartiens au roi d'Angleterre, je ne puis donc les accepter que sous condition. Si mon souverain m'autorise à garder ces présents, je les garderai, Monseigneur ; sinon je vous les ferai remettre, tout en conservant le souvenir de votre justice et de votre générosité.

— Vous parlez en loyal chevalier, dit

Philippe, et cette parole me plaît. Allez donc, Messire, et que Dieu vous garde.

Alors Gautier prit congé du roi et du duc de Normandie, et quelque temps après arriva en Hainaut. Il resta trois jours à Valenciennes, après quoi il se remit en route et arriva devant Calais, qui était toujours dans le même état.

Gautier fut reçu avec grande joie par les comtes, les barons et le roi, à qui il raconta ce qui lui était arrivé depuis son départ d'Aiguillon, et qui lui dit, après avoir vu les joyaux dont le roi de France lui avait fait don :

— Messire Gautier, vous nous avez servi toujours loyalement jusqu'à ce jour, et vous nous servirez encore de même, nous l'espérons bien. Renvoyez au roi Philippe ses présents; vous n'avez aucune raison de les garder. Nous avons assez, Dieu merci, pour nous et pour vous, et notre volonté est de vous récompenser largement de tout ce que nous vous devons.

— Merci, Monseigneur, répondit Gautier, il sera fait comme vous désirez.

Alors le chevalier, rassemblant les présents qu'il avait reçus du roi Philippe, les donna à messire Mansart et lui dit:

— Retournez auprès du roi, dites-lui que je le remercie grandement des beaux présents qu'il m'a faits; mais que le roi d'Angleterre ne serait pas aise que je les gardasse; qu'en conséquence je les lui renvoie, en le priant de nouveau d'être convaincu de ma reconnaissance.

— Bien, dit Mansart qui était cousin de Gautier.

Et il partit aussitôt de Calais.

Quelques jours après, il remettait les joyaux au roi, qui lui disait :

— Je ne les veux reprendre, ils sont entre les mains de trop bon et loyal chevalier. Gardez-les donc, Messire, en souvenir de moi et de votre gentil cousin, Gautier de Mauny.

On se souvient que le comte de Derby s'était tenu toute la saison en la ville de Bordeaux.

Dès qu'il apprit le départ du duc de Normandie, l'envie lui prit de faire une petite expédition en Poitou, et comme rien ne le retenait, il fit aussitôt son mandement, auquel s'empressèrent de répondre le sire de Labret, le sire de l'Espare, le sire de Rosem, messire Aymon de Tarste, le sire de Mucident, le sire de Pommièrs, le sire de Danton, le sire de Languerem et autres.

Le comte de Derby réunit ainsi douze cents hommes d'armes, deux mille archers et trois mille piétons.

Tous ces gens passèrent la rivière de Garonne entre Bordeaux et Blayes, et leurs prises recommencèrent.

Ce fut d'abord Mirebeau, capitale du petit pays de Mirebalues en Poitou.

Puis Annecy, puis Surgères, puis Benon, et ils ne s'arrêtèrent qu'au château de Marant, où ils ne purent rien faire, ce qui les força à se rejeter sur Mortaigne-sur-Mer en Poitou, où ils livrèrent un grand assaut qui vint à bonne fin pour eux, après quoi ils marchèrent sur Lusignan dont ils brûlèrent la ville, et dont le comte de Derby assure qu'il prit le château, fait nié par Froissard.

A Taillebourg, un de leurs chevaliers fut tué, ce qui les irrita tellement qu'ils tuèrent tous ceux de la ville, et passèrent outre pour venir devant Saint-Jean-d'Angély.

Tout le pays était si effrayé de la venue du comte, que tous les habitants du pays fuyaient devant son arrivée, comme des feuilles tombées devant les vents d'hiver.

Les écuyers de Poitou et de Saintonge se tenaient en leurs châteaux suns nulle apparence qu'ils voulussent combattre les Anglais.

Le comte, nous l'avons dit, était donc arrivé devant Saint-Jean-d'Angely, où, comme on doit s'en souvenir, étaient restés prisonniers les dix-sept hommes de Gautier de Mauny, ce dont le comte avait été informé, et ce dont il comptait bien prendre sa revanche.

Quand les Anglais eurent donné un

premier assaut et se furent retirés dans leurs logis pour se reposer et recommencer le lendemain, ceux de Saint-Jean-d'Angely, qui n'avaient ni gens d'armes, ni écuyers, ni chevaliers pour aider à garder la ville et conseiller les bourgeois, se trouvèrent fort en peine, craignant, et avec raison, de perdre leurs femmes, leurs enfants, leurs biens et eux-mêmes.

Il résulta de cette crainte générale que le maire de la ville, nommé Guillaume de Riom, voulut proposer un traité au comte de Derby, et pour ce, envoya audit comte un messager qui devait lui demander un sauf-conduit pour six des bourgeois de la ville, chargés de traiter la capitulation avec lui.

Le comte accorda ce sauf-conduit, valable pour toute la nuit et le lendemain.

Le lendemain donc, à la première heure, les six bourgeois vinrent demander le comte de Derby, qu'ils trouvèrent en son pavillon comme il venait d'entendre la messe.

— Eh bien! Messieurs, leur dit le comte, quelles offres m'apportez-vous?

— Nous venons, dit un des députés, demander que ceux de la ville puissent se retirer, eux, leurs enfants, leurs femmes et leurs biens, en abandonnant la ville.

— Et si je m'y refuse ?

— Nous vous demanderons alors vos conditions.

— Mes conditions, dit le comte, sont que la ville se rende sans conventions et en se fiant à nous.

— Nous n'accepterons pas, dirent les six bourgeois en se levant, et nous soutiendrons l'assaut.

— Libre à vous, Messieurs, dit le comte.

Et il se leva à son tour.

— C'est votre derniere volonté, dirent les envoyés.

— Oui.

— Adieu donc, Messire.

— Au revoir, Messieurs, dit le comte en souriant.

Et il prit congé des six bourgeois.

Ceux-ci s'acheminèrent vers la ville.

Au moment où ils allaient quitter le camp anglais, une douzaine de soldats leur barrèrent le passage en leur disant :

— Quatre de vous sont nos prisonniers.

— Mais nous avons un sauf-conduit, dirent les bourgeois étonnés ; et en disant cela, ils montraient le sauf-conduit du comte.

— Il est inutile, dirent les soldats.

— C'est donc une trahison ! s'écrièrent les envoyés.

— Nous l'ignorons ; mais nous avons ordre de ne laisser sortir que deux de vous.

— Et de qui vient cet ordre ?

— Du comte de Derby.

— Mais vous pouvez nous mener à lui, dit un des bourgeois.

— Oui.

— Alors conduisez-nous, car nous resterons ou nous sortirons ensemble.

Les soldats conduisirent les six bourgeois auprès du comte.

— Que veut dire cela, Messire ? dirent-ils au comte. On nous arrête malgré votre sauf-conduit.

— Et l'on fait bien, Messieurs.

— Et l'ordre vient de vous ?

— De moi.

— Veuillez nous expliquer...

— C'est bien simple. Il y a quelque temps le sire Gautier de Mauny passa par Saint-Jean-d'Angely avec vingt hommes. Il était muni d'un sauf-conduit du duc de Normandie pour lui et les siens.

— Quel rapport cela a-t-il avec nous ? demandèrent les bourgeois.

— Vous allez voir, continua le comte ; le sire de Mauny fut arrêté comme vous l'avez été ; comme vous l'avez fait il montra son sauf-conduit ; mais comme pour vous, il lui fut inutile. On retint dix-sept hommes sur les vingt qui l'accompagnaient, et ces dix-sept hommes sont encore dans votre ville.

— De sorte...

— De sorte que j'ai trouvé assez naturel de vous faire aujourd'hui ce que votre maire a fait à un des nôtres, et, calculant à peu près comme il avait calculé, je n'ai voulu laisser sortir de mon camp que deux de vous.

Il n'y avait rien à répondre.

— Ainsi, c'est un échange que vous voulez, dit un des bourgeois.

— L'échange d'abord et la condition que je vous imposais tout-à-l'heure.

— La reddition de la ville.

— Sans engagement de notre part.

Les bourgeois se consultèrent:

— Eh bien! dit l'un d'eux, nous sommes chargés des pouvoirs de la ville, nous acceptons puisque nous ne pouvons pas faire autrement. Laissez-nous retourner jusqu'à la ville et informer les habitants du traité que nous venons de faire.

— Vous n'avez pas besoin d'être six pour cela, et un seul suffit. Les autres entreront avec nous dans la ville.

Il n'y avait pas moyen de reculer.

— Vous comprenez bien; reprit le comte, nos dix-sept hommes vont d'abord nous être renvoyés, puis quand nous nous présenterons à la porte de la ville, votre maire viendra nous en apporter les clés et faire sa soumission au nom de tous. Alors et seulement alors, nous verrons ce que nous aurons à faire.

Un des six envoyés rentra à Saint-Jean d'Angely, et fit part des conditions imposées, lesquelles furent acceptées.

Deux heures après les dix-sept compagnons de Gautier de Mauny étaient revenus au camp anglais, et le comte de Daby prenait possession de la ville au nom du roi d'Angleterre.

Après huit jours de séjour à Saint-Jean d'Angely, les Anglais se remirent en route et marchèrent sur Niort, une bonne ville, bien fermée, de laquelle un gentil chevalier, messire Guichard d'Angle, était capitaine et souverain pour le temps.

Trois assauts eurent lieu, qui ne produisirent rien aux Anglais.

Alors ils partirent et s'acheminèrent vers Poitiers, mais sur leur chemin ils prirent le bourg de Saint-Maixent, et tuèrent tous ceux qui s'y trouvaient, et appuyant un peu à gauche, ils vinrent devant Montreuil Bonnine, et cela n'était pas sans raison, comme on va le voir.

Il y avait dans cette ville plus de deux cents monnayeurs qui forgeaient et frappaient la monnaie du roi, ce qui n'était pas d'un mince attrait pour le comte.

Celui-ci fit sommer la ville de se rendre, mais la ville refusa.

Heureusement les Anglais étaient habitués à ces refus, et savaient comment s'y prendre pour en avoir raison.

Ils commencèrent le siège en faisant venir les archers devant.

Au bout d'une heure nul n'osait plus se montrer à la défense, et le soir la ville était prise.

Tous les habitants furent tués.

Nous n'avons pas besoin de dire ce que devint la monnaie du roi.

Le comte laissa une garnison dans le

château, et il repartit pour Poitiers qui était encore loin de là.

Le premier assaut fut inutile, et cependant la ville n'était pleine, dit Froissard, que de menus gens, peu aidables en guerre.

Le lendemain, plusieurs chevaliers montèrent à cheval, et s'en vinrent rôder autour de la ville, cherchant un endroit par lequel elle pût être plus facilement attaquée.

Ils trouvèrent un lieu qui leur parut assez propre à une tentative, et ils en informèrent le comte qui décida, après conseil, que le lendemain, la ville serait attaquée sur trois points, et que les archers attaqueraient le point le plus faible.

Le lendemain qui était le mercredi 4 octobre, le triple assaut commença avec le jour.

Les habitants de Poitiers avaient fort à faire, car ils ne pouvaient aller ainsi d'un point à un autre et défendre aussi bien les trois.

La ville fut prise.

Hommes, femmes, enfants vieillards, tout fut passé au fil de l'épée.

Le butin des Anglais fut énorme, car outre le bien des habitants, il y avait encore celui des habitants du plat pays qui s'étaient réfugiés à Poitiers, s'y croyant plus en sûreté que dans la campagne.

Couvents, châteaux, églises, tout fut détruit, et le comte lui-même qui voulait séjourner onze ou douze jours dans la ville, ne put arrêter le pillage et la destruction qu'en menaçant de la mort quiconque s'y livrerait encore.

Le comte de Derby s'apprêtait à aller à Calais, laissant derrière lui un sillage de feu, de sang et de ruines.

Tout le pays qu'il avait traversé était désert comme s'il eût été visité par la colère du Seigneur, et comme si le comte eût été aidé dans son expédition d'un fléau comme celui qui devait ravager la

France deux ans plus tard, et dont nous aurons à parler avant la fin de cette histoire.

Quand le comte eut séjourné quelques jours à Poitiers, il l'abandonna sans y laisser de garnison; car il eût été forcé de repeupler son armée, tant la ville avait besoin d'hommes pour être gardée, et il revint à Saint-Jean d'Angely, à petites journées.

Le comte aimait fort se battre, mais il aimait fort aussi les fêtes et le repos après le combat.

A Saint-Jean d'Angely, il acquit grand amour des bourgeois, des dames et des demoiselles, car il n'y fut pas plutôt revenu, que, comme à Bordeaux, il donna des fêtes et des bals sans nombre, et il se faisait des partisans là où quelques jours auparavant il avait des ennemis....

Il traînait à sa suite un immense butin d'or, de pierreries et de joyaux dont il distribua une partie aux dames et aux demoiselles de Saint-Jean d'Angely, ce qui ne contribua pas peu à laisser un agréable souvenir de lui dans les esprits de la gent féminine, au point qu'elles disaient qu'il était impossible de voir plus noble prince chevaucher sur palefroy.

Enfin, après force bals, dîners et

soupers, le comte ordonna ses gens, fit renouveler au maire et aux habitants de la ville les serments de fidélité déjà prêtés une fois, et il s'en alla vers la ville de Bordeaux.

Arrivé là, il donna congé à tous ses gens d'armes, garçons et autres, en les remerciant grandement de leur bon service.

Puis, peu après il prit la mer et s'en alla en Angleterre avant de rejoindre Edouard et de lui rendre compte de son heureuse expédition.

Nous allons abandonner un instant la France et voir ce qui se passait en Écosse, car nous touchons à la fin de notre livre, et les évènements nous reportent à la patrie de Robert Bruce.

Donc avant d'aller à Calais, le comte de Derby s'arrêta quelque temps en Angleterre.

Des lettres qu'il avait reçues d'Édouard III, le priaient d'aller voir par lui-même, ce qui se passait à Londres et ce qu'il fallait croire d'une prochaine invasion écossaise, dont le roi avait entendu parler, et que des messagers de la reine Philippe lui avaient fait pressentir.

Disons tout de suite que l'Écosse était dans un bien pauvre état.

Voici comment Walter Scott s'exprime à ce sujet.

« Il n'y avait plus ni refuge, ni protection à trouver dans les lois, à une époque où toutes les questions étaient décidées par le bras le plus vigoureux et la plus longue épée. On ne cultivait plus la terre, puisque d'après toutes les probabilités, l'homme qui l'aurait ensemencée n'aurait pu en recueillir la moisson. Peu de sentiments religieux se conservèrent au milieu d'un ordre de choses si violent, et le peuple devint si familier avec les actes injustes et sanguinaires, que toutes les lois de l'humanité et de la charité étaient transgressées sans scrupule. Des malheureux étaient trouvés morts de faim dans les bois avec leurs familles, et le pays était si dépeuplé et si inculte, que les daims sauvages quittaient les forêts et approchaient des villes et des habitations des hommes. Des familles entières étaient réduites à manger de l'herbe, et d'autres trouvèrent, dit-on, un aliment plus horrible dans la chair de leurs semblables. Un misérable établit des trappes dans lesquelles il prenait les créatures humaines comme des bêtes fauves et s'en nourrissait. Ce cannibale était appelé Christian du Grappin, à cause du grappin ou crochet qu'il employait pour ses affreuses trappes.

Au milieu de toutes ces horreurs, continue le romancier historien, lorsqu'il y avait quelque trève entre eux, les cavaliers écossais et anglais faisaient succéder aux combats des tournois et autres exercices de chevalerie. Le but de ces jeux n'était pas de combattre, mais de prouver qui était le meilléur homme d'armes. Au lieu de faire assaut d'adresse et de chercher qui sauterait le plus haut, ou de disputer le prix d'une course à pied ou à cheval, c'était la mode alors que les gentilshommes joûtassent ensemble, c'est-à-dire, qu'armés de toutes pièces, tenant leurs longues lances, ils courussent l'un contre l'autre, jusqu'à ce que l'un des deux fût enlevé de sa selle et renversé par terre. Quelquefois ils se battaient à pied avec l'épée ou la hache, et quoique ce ne fussent que des jeux où présidait la courtoisie, on voyait quelquefois périr plusieurs champions dans ces combats inutiles, comme s'ils eussent combattu sur un champ de bataille véritable. »

Quand le comte de Derby arriva à Londres, il y avait trève ou du moins trève apparente entre les deux États.

Le comte après avoir fait part de son expédition à la reine, se rendit à Berwick où il fit annoncer qu'un grand tournoi aurait lieu, auquel il convoquait tous ceux des chevaliers écossais qui voudraient combattre.

Or il y avait à cette époque de vaillants hommes en Écosse et qui ne refusaient jamais ni un combat, ni un tournoi.

Le comte de Derby avait envoyé des espions en même temps qu'il avait fait annoncer ce tournoi, car le temps que les chevaliers écossais passeraient à ce tournoi, ils ne pourraient le passer à faire les préparatifs de l'invasion projetée, et lui, le comte de Derby, pourrait avertir Édouard, s'il y avait lieu.

Les espions revinrent.

— Monseigneur, dirent-ils au comte, rien n'est plus certain que cette invasion.

— Et qui devait la commander.

— Le roi David Bruce en personne.

— Et les autres chefs de son armée?

— Étaient Alexandre Ramsay, William Douglas, et le chevalier de Liddesdale.

— Et ces trois chevaliers viendront au tournoi?

— Oui, Monseigneur.

Il n'y avait pas de temps à perdre.

Le comte, au lieu de prévenir Édouard, dont le séjour en France était si utile à à la réussite de ses projets, fit prévenir la reine de ce qui se passait, afin que ceux de ses chevaliers qui lui restaient se missent en garde contre cette invasion, et le comte attendit le tournoi.

Les combattants arrivèrent.

Le comte les reçut avec les honneurs

dus à leur rang, et s'adressant à Ramsay il lui dit :

— Avec quelles armes vous plaît-il que les chevaliers combattent ?

— Avec les boucliers de métal, répondit Ramsay.

— Non, non, répliqua le comte, il y aurait trop peu d'honneur à acquérir en combattant avec de pareilles armes. Servons-nous plutôt des armures légères que nous portons les jours de bataille.

— Avec des pourpoints de soie si vous le voulez, répondit Alexandre Ramsay.

On s'en tint aux armures légères.

Le jour du tournoi arriva.

Les principaux chevaliers inscrits

étaient, du côté des Écossais, Grahame, Douglas, Ramsay et Liddesdale.

Du côté des Anglais, le comte de Derby et le baron Talbot.

Chacun de ceux-ci savait que c'était un ennemi véritable qu'il avait à combattre, car le comte de Derby ne leur avait pas laissé ignorer les projets de l'Écosse, et il avait même dit à Talbot :

— Baron, vous contenterez-vous de votre armure légère ?

— Oui, avait répondu celui-ci.

— Eh bien ! si vous m'en croyez, vous en mettrez une doublée au moins à la poitrine.

— Pourquoi ?

— Parce que si nous avons deviné que nous avions des ennemis sérieux dans nos adversaires, ils ne nous épargnerons pas ; car, de leur côté, ils doivent bien savoir que nous ne leur sommes guères amis, et le roi d'Angleterre a trop besoin de ses vaillants chevaliers pour que je vous laisse vous exposer sans raison.

— Merci du conseil, Monseigneur, je le suivrai.

Si nous sommes entrés dans des détails sur ce tournoi, c'est qu'il fut un des plus meurtriers et des plus beaux de cette époque.

Le comte de Derby devait combattre Liddesdale et Ramsay ; Talbot, Grahame et un autre chevalier écossais dont nous n'avons pas le nom.

Puis venaient d'autres chevaliers, braves, mais moins importants que ceux que nous venons de nommer.

Après plusieurs passes insignifiantes, le chevalier de Liddesdale vint frapper l'écu du comte de Derby. Celui-ci sortit de son camp.

Liddesdale n'avait pas fourni deux fois la carrière que, blessé au bras droit, il était forcé de quitter la partie.

Le comte rentra dans son camp aux acclamations des spectateurs, et Talbot, qui le remplaça, alla toucher l'écu de sire Patrick Grahame qui était un redoutable champion.

C'est alors que Talbot sut gré au comte du conseil qu'il lui avait donné, car la lance de son adversaire perça sa double cuirasse et s'enfonça d'un pouce dans la chair.

Avec sa cuirasse de guerre, il eût inévitablement été tué.

C'est ainsi que se termina le premier jour.

Le soir au souper, un chevalier anglais voulut venger la défaite de Talbot, et défia Grahame de fournir le lendemain trois fois la carrière contre lui.

— Ah! tu veux te mesurer avec moi, dit celui-ci. En ce cas, lève-toi demain de bonne heure, confesse tes péchés, car le soir tu rendras compte à Dieu.

Le bruit de ce défi se répandit, et le lendemain quand Grahame, déjà vainqueur la veille, reparut dans la lice, tous les yeux se fixèrent sur lui, car on était curieux de savoir s'il gagnerait son sanglant pari.

Patrick Grahame s'avança jusqu'au milieu de la lice, et voyant venir à lui son adversaire, il lui cria :

— Avez-vous fait comme je vous ai dit, Messire?

— Pas plus que vous, Sire.

—Alors vous mourrez sans confession, ce qui est un malheur quand on est sérieusement chrétien comme je crois que vous l'êtes.

Et à peine Grahame avait-il dit cela, qu'il prit du champ, assura sa lance, et, courant de toute la force de son cheval sur le chevalier anglais, il lui passa sa lance au travers du corps.

Le chevalier tomba à terre.

Quand on le releva il était mort.

La chose avait été si rapide et si terrible à la fois, que l'admiration faisait place à l'effroi; Grahame se retira au milieu du silence général.

Les applaudissements n'éclatèrent que

lorsque le comte de Derby reparut.

Les dames et damoiselles de Saint-Jean-d'Angely avaient bien raison de dire que c'était le plus beau cavalier qu'on pût voir sur un palefroi.

Rien n'était plus élégant que lui lorsqu'il se présenta dans la lice, et cependant il était pâle et son sang bouillait, car il avait soif de venger la mort de celui qu'il venait de voir tuer.

William Ramsay, parent d'Alexandre Ramsay, dont nous avons parlé plus haut, répondit à l'appel du comte.

C'était un aussi brave chevalier que son frère.

Les deux adversaires fondirent l'un sur l'autre.

William visait, comme son prédécesseur, à la poitrine, le comte visait à la tête.

Les deux lances se brisèrent, les deux chevaux plièrent sur leurs jarrets, mais les deux champions restèrent en selle.

Chacun reprit une lance et ils recommencèrent.

Cette fois l'issue ne fut pas la même, quoique tous deux cherchassent toujours.

La lance de William glissa, et celle du comte, traversant le casque de son adversaire, le lui cloua sur le crâne.

William ouvrit les bras et tomba.

Tout le monde le croyait tué, et cependant il respirait encore, mais si faiblement que la première chose que l'on fit quand il eut été transporté dans son camp, fut d'aller chercher un prêtre.

William se confessa sans prendre le temps d'ôter son casque.

— Que Dieu m'accorde, dit le comte de Derby, qui ne s'occupait plus que de soigner le blessé, de me confesser le casque en tête, et de mourir dans mon armure.

Quand la confession fut terminée, Alexandre Ramsay étendit son frère par terre tout de son long, et appuyant son pied droit contre la tête du patient, il réunit toutes ses forces, et tira le morceau de lance en même temps du casque et de la tête.

Après quoi William se leva, et se frottant la tête il dit en souriant :

— Allons, cela ira !

Les tournois étaient terminés.

On distribua les prix, dans lesquels le comte déploya toute sa munificence, et chacun s'en retourna d'où il était venu.

Quant au comte, il partit définitivement pour Calais, où il retrouva toutes choses dans le même état.

— Quelles nouvelles, cousin ? dit le roi après avoir embrassé le comte.

— Bonnes, Sire. L'Écosse se prépare à une invasion en Angleterre.

— Et vous appelez cela de bonnes nouvelles? répliqua Édouard.

— Oui, Sire, car tout le pays est prévenu, et s'il ne leur arrive pas malheur, cela m'étonnera bien. Croyez-vous donc, Monseigneur, que j'aurais quitté l'Angleterre si votre beau royaume avait couru le moindre danger.

— C'est juste, fit le roi. Attendons ici.

Les choses en étaient là, quand surgit un incident nouveau que nous ne pouvons passer sous silence.

Ramsay et Liddesdale étaient de vieux amis et de vieux compagnons d'armes, et ils avaient toujours été à côté l'un de l'autre quand il s'était agi de repousser l'invasion des Anglais.

Mais il arriva que dans une des dernières batailles, Ramsay prit d'assaut le château fort de Roxburgh, ce qui l'avança encore dans l'amitié du roi.

Au moment où l'invasion allait se faire, quelque temps après le tournoi, David Bruce voulut récompenser ce fait d'armes, et il nomma Ramsay shériff du comté de Roxburgh, emploi qui était rempli auparavant par le chevalier de Liddesdale.

L'amitié de celui-ci pour Ramsay ne résista pas à la peine qu'il ressentit en apprenant que le roi le dépossédait pour son ami.

Un jour que Ramsay rendait la justice à Harvick, il fut assailli par une troupe d'hommes armés au milieu desquels il reconnut Liddesdale.

Ramsay fut blessé ; mais convaincu que son ami ne pouvait désirer sa mort, il se fit transporter dans le château solitaire de l'Ermitage, situé au milieu des marais de Liddesdale.

Là il fut jeté dans un cachot dont la porte fut close pour ne jamais se rouvrir.

A travers les fentes du plafond de ce cachot, au-dessus duquel se trouvait un grenier, tombaient quelques graines qui furent pendant plusieurs jours l'unique subsistance du prisonnier, qui succomba cependant, et dont les ossements furent retrouvés quatre cents ans après, par un maçon qui creusait dans les ruines du château de l'Ermitage.

Quand David Bruce apprit le crime qui avait été commis, il en fut très courroucé et voulut le venger ; mais le chevalier de Liddesdale était trop puissant pour être puni, puis le roi avait en ce moment à s'occuper d'autre chose que de punir un homme dont il allait avoir si grand besoin.

Cependant le chevalier garda le souvenir des persécutions que David Bruce avait tentées sur lui et il se promit bien de s'en venger un jour si l'occasion s'en présentait.

Pendant ce temps les préparatifs du roi continuaient.

Il commença par lever une armée considérable, et convaincu que nul ne savait ses projets, se fiant à l'absence du roi, il entra en Angleterre par les frontières occidentales, et marcha sur Durham, ravageant tout sur son passage, et faisant en Angleterre ce qu'Édouard et le comte de Derby venaient de faire en France.

David Bruce marcha vers Durham, toujours avec la même confiance.

Mais les lords des comtés septentrionaux avaient de leur côté rassemblé une armée, et après avoir défait l'avant-garde de l'armée écossaise, ils tombèrent à l'improviste sur le corps d'armée principal.

L'armée anglaise, dans laquelle il y avait beaucoup d'ecclésiastiques, marchait entonnant des hymnes saints et ayant un crucifix pour étendard.

Dieu protégea ceux qui le prenaient pour guide.

Les Écossais trouvaient à chaque pas des combattants nouveaux qui semblaient sortir de terre comme les soldats de Cadmus.

La reine d'Angleterre était venue elle-même jusqu'en la ville de Neufchatel sur la Tyne, accompagnée de l'archevêque d'Yorck, de l'archevêque de Cantorbéry, de l'évêque de Duram, de l'évêque Lincoln, du sire de Percy, du sire de Ros, du sire de Monbray, et du sire de Neufville, auxquels en partant pour Calais, le comte de Derby avait fait les plus importantes recommandations.

En même temps arrivaient au secours des Anglais des gens des pays du nord, de Northumberland et de Galles, car chacun avait hâte de combattre les Écossais, tant pour l'amour de la reine que pour le salut du pays.

Quand le roi d'Écosse et ses gens apprirent que les Anglais s'étaient assemblés à Neufchatel pour venir contre eux, ils envoyèrent jusqu'à cette ville des coureurs qui brûlèrent sur leur chemin des petits hameaux dont les Anglais voyaient les flammes de l'endroit où ils étaients.

Le lendemain, David Bruce et toute son armée qui se composait bien de quarante mille hommes, s'en vinrent loger à trois petites lieues de Neufchatel, en la terre du seigneur de Neufville, et firent dire à ceux qui étaient dans le château que s'ils voulaient sortir ils les combattraient volontiers.

Les Anglais y consentirent, et sortant

de la ville, ils se trouvèrent douze cents hommes d'armes, trois mille archers et cinq mille autres hommes parmi les Gallois.

En voyant un si petit nombre, les Écossais, sûrs de la victoire, se rangèrent en bataille comme faisaient les Anglais de leur côté.

Les Anglais étaient rangés en quatre batailles.

L'évêque de Duram et le sire de Percy commandaient la première.

L'archevêque d'York et le sire de Neufville la seconde.

L'évêque de Lincoln et le sire de Monbray la troisième.

Messire Édouard de Bailleul et l'archevêque de Cantorbéry la quatrième.

La reine Philippe de Hainaut était au milieu de ses gens, comme avait fait quelques années auparavant la comtesse de Montfort, et elle les exhortait à combattre vaillamment pour l'honneur du roi et du royaume.

C'était surtout aux quatre prélats et aux quatre barons qu'elle s'adressait, et ceux-ci n'avaient pas besoin de ces exhortations car ils n'étaient pas gens à ne pas s'acquitter loyalement de la mission, que leur roi y fut ou n'y fut pas.

Peu après le départ de la reine qui se

retira à Neufchâtel, les batailles se rencontrèrent.

Ce furent les archers qui de part et d'autre commencèrent la besogne, mais les archers écossais ne durèrent pas longtemps. Ce premier choc fut peut-être le plus terrible que l'on retrouve dans des récits de combats.

Chacun faisait si bien de son côté, les Écossais, pour réparer les échecs précédents; les Anglais, pour tenir la promesse faite à leur reine, que la bataille commencée le matin durait encore à quatre heures du soir.

Sir John Graham, offrit de disperser les archers anglais qui tiraient et tuaient avec leur habileté ordinaire et par qui la victoire commençait à se décider, si l'on voulait lui confier un corps de cavalerie, mais quoique le succès d'une tentative semblable eut décidé du succès de la bataille de Bannockburn, il ne put l'obtenir.

Alors, le désordre commença à se mettre peu à peu dans l'armée écossaise.

— Sire, dit Alexandre de Ramsay, au roi dont il portait la bannière, vous vous exposez trop, vous êtes blessé, retirez-vous.

— Que m'importe, dit David Bruce, nous garderons la place ou je me ferai tuer comme le dernier de mes archers.

En ce moment une seconde flèche blessa le roi à l'épaule.

Alors, armé d'une hache, il se précipita au milieu des ennemis comme le plus obscur de ses soldats.

Un homme l'avait reconnu, cet homme se nommait John Copeland et était gentilhomme du Northumberland.

Il traversa rapidement et alla droit au roi d'Écosse.

Alors une lutte désespérée s'engagea entre le roi et le gentilhomme, car le premier comprenait que mort ou pris, il assurait la victoire aux Anglais, et l'autre, que s'il ne s'emparait vite de son adversaire, il serait infailliblement tué par ceux qui viendraient à son secours.

Un violent coup que David Bruce reçut sur le bras droit, fit tomber à terre la hache qu'il portait. John Copeland profita de ce moment, et saisit à bras-le-corps son royal adversaire qui voyant cela, parvint par un effort désespéré, à s'emparer de son poignard avec lequel il fit sauter deux dents au gentilhomme, mais celui-ci ne lâcha pas prise, et le roi épuisé par cette lutte et ses deux blessures, resta au pouvoir du chevalier anglais.

A compter de ce moment, la bataille était finie.

Alexandre de Ramsay vint à l'aide

de son maître, mais il ne réussit qu'à se faire tuer sous ses yeux.

John Copeland avec une vingtaine d'hommes, fendit la presse, et chevaucha si bien que ce jour-là même il fit quinze lieues, et que le soir, le roi David Bruce était enfermé à un château qui s'appelait Chatel Orgueilleux, et qui appartenait à celui qui l'avait pris, et qui jura de ne rendre son prisonnier qu'à Édouard lui-même.

L'aile gauche de l'armée écossaise avait continué de tenir quelque temps après la prise du roi; mais envain, et elle parvint à exécuter sa retraite sous le commandement du comte de March, le mari de la comtesse de March, qu'on appelait Agnès la Noire, et qui, en l'absence de son mari, quelques années auparavant, avait si vaillamment défendu le château de Dembar, contre Salisbury.

Cette défense fut assez remarquable pour que nous fassions ici une digression en sa faveur.

Le comte de March avait embrassé le parti de David Bruce, et s'était mis en campagne avec le régent. La comtesse que son teint basané avait fait surnommer Agnès la Noire, était la digne fille de Thomas Randolph, comte de Morcy. Le château de Dembar qu'elle habitait, était bâti sur une chaîne de rochers qui s'étendaient jusqu'à la mer. Il n'avait qu'un seul passage qui conduisît dans l'intérieur des terres, et ce passage était si bien fortifié qu'il était réputé imprenable.

Cependant ce château fut attaqué par Salisbury qui tenta tous les moyens pour s'en emparer.

Il commença par faire avancer des engins qui jetaient d'énormes pierres, mais Agnès la Noire, impassible sur les remparts, ne répondait à ces attaques, qu'en essuyant avec un mouchoir blanc, les places que les pierres frappaient, comme si cet assaut n'eût servi qu'à faire un peu de poussière.

Alors, le comte fit faire une sorte de maison roulante qu'on appelait une truie, dont la forme ressemblait assez au dos d'un sanglier. Cette machine que l'on roulait contre le château que l'on voulait attaquer, abritait contre les flèches et les pierres des assiégés, les soldats qu'elle renfermait et qui alors tiraient à leur aise, ou cherchaient à miner les murs ou à pratiquer une brèche avec des haches et des pioches.

Quand la comtesse vit cet engin approcher des murs du château, elle cria au comte de Salisbury, d'un ton moqueur.

Prends garde à toi, Salisburie,
Des petits va faire ta truie.

En disant cela, elle faisait un signal, et un énorme fragment de rocher, qu'elle avait fait détacher tout exprès, fut précipité du haut des murailles sur la truie, dont le toit fut brisé en mille pièces, et Agnès s'écria en voyant fuir les Anglais qui voulaient éviter la chute des débris et les flèches qu'on leur lançait du château, et contre lesquelles rien ne les garantissait plus.

— Voyez donc toute cette portée de petits porcs anglais.

On juge aisément par la femme de ce que devait être le mari. La retraite s'ffeectua donc assez bien sous son commandement. Les Écossais laissèrent quinze mille morts environ.

Quand la reine d'Angleterre apprit ce qui s'était passé, elle monta sur son palefroi et s'en vint le plus tôt qu'elle put sur la place où avait eu lieu la bataille. Alors elle demanda ce que le roi d'Écosse était devenu. On lui répondit que John Copeland l'avait pris et mené avec lui.

La reine écrivit alors au chevalier de Copeland de lui amener son royal prisonnier, ajoutant qu'il aurait dû le faire tout de suite.

Elle donna ces lettres à un de ses chevaliers qui partit aussitôt pour Chatel-Orgueilleux.

Madame Philippe revint sur le champ de bataille où s'était rassemblée toute l'armée anglaise qu'elle félicita grandement.

Là, le comte de Moret, messire Guillaume de Douglas, messire Robert de Bessi, messire Anebaut de Douglas, l'évêque d'Abredane, l'évêque de Saint-Andrieu, le chevalier de Liddesdale, et enfin tous les nobles prisonniers que les Anglais avaient faits lui furent présentés.

Le lendemain arriva la réponse de John Copeland.

Elle était formelle.

Il refusait de remettre son prisonnier à tout autre qu'au roi, ajoutant que David Bruce était bien gardé et qu'il n'y avait garde qu'il s'échappât.

Madame d'Angleterre ne put en tirer autre chose et ne fut pas contente de l'écuyer.

Elle écrivit au roi le résultat de la bataille, et le roi fit dire à John de Copeland de venir lui-même lui rendre compte à Calais de l'heureuse capture qu'il avait faite.

Quand cette nouvelle fut connue, le comte de Liddesdale, celui qui avait fait mourir Alexandre de Ramsay, et qui, comme nous venons de le dire était prisonnier des Anglais, demanda à parler à la reine.

— Madame, lui dit-il, je voudrais voir le roi d'Angleterre auquel j'aurais à dire des choses dont il ne peut que me savoir gré. Je viens vous demander de me laisser, sur ma parole, me rendre auprès de lui avec le sire de Copeland dont je serai le prisonnier.

Ce que le comte de Liddesdale demandait lui fut accordé et il partit avec le chevalier.

David Bruce resta enfermé dans un château qui se trouvait sur la route de Northumberland et de Galles.

Quand Édouard vit l'écuyer et qu'il sût que c'était Jean de Copeland, il lui fit grande chère, et le prenant par la main, lui dit :

— Bien venu est mon écuyer qui par

sa vaillance a pris notre adversaire, le roi d'Écosse.

— Sire, dit alors John Copeland, ce que j'ai fait tout autre l'eût pu faire; mais ne me veuillez pas de mal si je n'ai pas rendu mon prisonnier à madame la reine comme elle me le demandait, car je relève de vous et c'est à vous que j'ai fait mon serment.

— Le bon service que vous nous avez rendu, dit le roi, vaut bien que vous soyez excusé de toutes choses, et honnis soient tous ceux qui penseraient mal de vous. Voici ce que vous allez faire. Vous partirez de Calais, vous retournerez en votre maison, vous prendrez votre prisonnier, et le menerez auprès de ma femme. Et pour vous récompenser, je vous élève au grade de banneret, je vous retiens écuyer de mon corps et de mon hôtel, et vous assigne un revenu de six cents livres à l'esterlin.

— Sire, dit alors John, je ferai comme vous l'ordonnez ; mais j'ai amené avec moi le sire de Liddesdale qui est aussi votre prisonnier, mais qui a obtenu de madame la reine la permission de venir vous voir et de s'entendre avec vous de sa rançon.

— Eh bien ! amenez-nous ce prisonnier que nous garderons ici si sa rançon ne nous convient pas et que nous renverrons si elle nous convient.

Quand l'écuyer fut parti, le chevalier de Liddesdale fut admis auprès du roi.

— Sire, dit-il à Édouard, je ne viens pas seulement pour vous offrir ma rançon, mais pour vous donner un bon conseil.

— Et d'où vient qu'un ennemi, mon prisonnier, veut me rendre un service.

— Cela vient, Sire, de ce qu'il a peut-être à se venger de celui ou de ceux au service desquels il s'est fait prendre.

Il paraît que le conseil était bon et le service réel, car à la fin de cette première entrevue, Édouard dit au comte :

— C'est bien, Messire, nous vous remercions de tout ce que vous venez de nous dire, et nous en ferons notre profit. Soyez tranquille, le roi David Bruce est en bonnes mains, et il ne verra de sitôt ce pays où il n'a su rester. Vous êtes libre, Messire, les services comme celui que vous venez de me rendre valent quatre rançons comme celle qu'on vous eût demandée.

Le comte de Liddesdale quitta alors la France et retourna en Écosse où son voyage à Calais était déjà connu.

Pendant ce temps, John de Copeland était revenu en Angleterre, annonçant l'ordre qu'il avait reçu d'Édouard et les dons que celui-ci lui avait faits. Tous ceux qui se trouvaient là lui firent compagnie pour garder le prisonnier pendant sa translation de Châtel-Orgueilleux à la ville de Berwick, où se trouvait la reine.

On alla donc prendre David Bruce.

John le présenta à la reine, qui était bien encore un peu courroucée du refus qu'il avait fait de le lui amener plus tôt, mais qui oublia son ressentiment en voyant qu'elle avait obtenu ce qu'elle voulait, et en entendant les bonnes raisons que John lui donna.

Alors elle n'eut plus qu'un souci, ce fut de passer en France et de voir son mari et son fils qu'elle n'avait pas vus depuis longtemps.

Elle pourvut la cité de Berwick, le château de Rosebourg, la cité de Durham, la ville de Neufchâtel-sur-Rhin, et toutes les garnisons sur les routes d'Ecosse.

Elle confia la garde du pays de Northumberland aux seigneurs de Percy et de Neufville, après quoi elle partit de Berwick, s'en retourna à Londres, emmenant avec elle le roi d'Écosse, le comte de Moret et tous les hauts barons qui avaient été pris.

Son entrée à Londres fut un véritable triomphe, et la joie des Anglais à la vue du roi d'Écosse ne se peut exprimer.

La reine fit enfermer ses prisonniers au fort château de Londres, et elle ordonna les préparatifs de son départ.

Elle partit et arriva heureusement à Calais, où nous allons la retrouver tout-à-l'heure.

Maintenant revenons au sire de Liddesdale.

Sa visite au roi d'Angleterre était connue, nous l'avons dit, et les Écossais, en voyant revenir le prisonnier, crurent qu'il avait entamé avec Edouard une négociation relative à la délivrance de leur roi. Mais ils étaient loin de la vérité, et peu à peu l'on crut que cette visite, au lieu d'être un service rendu à l'Écosse, pouvait bien être une trahison.

Alors on se souvint que le comte avait tué Alexandre Ramsay, et qu'il n'avait jamais pardonné au roi David Bruce d'avoir voulu l'en punir.

Les suppositions étaient donc en chemin de devenir des certitudes, lorsqu'un matin William de Douglas, son parent et son filleul lui proposa une partie de chasse dans la forêt d'Ettrick.

Le chevalier de Liddesdale était grand chasseur, il accepta.

Le soir on rapportait le cadavre du chevalier.

William de Douglas l'avait tué.

Et ce fut heureux, car on oublia la dernière action de sa vie pour ne se souvenir que des services qu'il avait rendus et de sa mort malheureuse et fortuite.

§

Le siège se tenait toujours devant Calais, et les Anglais avaient fort à faire.

En effet, le roi de France, qui venait d'échouer dans le secours qu'il avait donné à l'Écosse, avait si bien garni les forteresses des comtés de Ghine, d'Artois et de Boulogne, et les environs de Calais, il avait mis sur mer tant de Génois et de Normands, que les Anglais qui voulaient sortir de leur ville pour chercher aventure, faisaient souvent de ures et dangereuses rencontres.

Un siège définitif n'avait pas lieu, il est vrai, mais il ne se passait pas de jours sans qu'il n'y eût quelque escarmouche avec des morts, soit d'un côté, soit de l'autre.

Aussi le roi d'Angleterre et son conseil passaient-ils les jours et les nuits à faire des engins et à combiner des machines pour mieux attaquer et presser ceux de Calais. Mais rien ne venait à bout de ceux-ci, et les affamer était décidément l'unique moyen que pussent employer les assiégeants.

Mais à ce moyen il y avait un empêchement, car il y avait deux hommes, deux mariniers, se transformant comme des Protées, échappant comme des ombres, et qui ravitaillaient continuellement la ville.

Ces deux hommes se nommaient, l'un Marant, l'autre Mestriel.

Les Anglais avaient été longtemps sans se rendre compte de la façon dont les vivres parvenaient aux Calaisiens, mais ils avaient fini par surprendre les deux hommes que nous venons de nommer en flagrant délit de commerce avec la ville.

Alors il les avaient poursuivis, mais autant eut valu poursuivre des fantômes ou vouloir saisir l'insaisissable Protée.

Les deux mariniers échappaient toujours, et non-seulement ils échappaient, mais comme ils connaissaient mieux la mer et les routes que les Anglais, ils les attiraient dans des écueils ou les faisaient tomber dans des embuscades, ni plus ni moins que les chants des Syrènes et les échos de la Lore-Ley.

Cela dura longtemps, car le roi d'Angleterre séjourna encore tout l'hiver devant Calais, et l'on finit par renoncer à vouloir s'emparer de ces deux hommes qui étaient cependant devenus l'unique secours des Calaisiens.

Édouard III, tout le temps que dura ce siège, s'occupa sans cesse de rester en amitié avec les communautés de Flandre, car son avis était que c'était par eux qu'il en arriverait le plus aisément à ce qu'il voulait.

Enfin le roi d'Angleterre leur fit tant de promesses que les Flamands qui, du reste, ne demandaient pas mieux, se laissèrent émouvoir.

Ils demandèrent en échange de leur secours que le roi leur rendît Lille, Douai et ses dépendances.

Le roi leur promit ce qu'ils demandaient, et ils vinrent mettre le siège devant Béthune.

Celui qui les commandait était un capitaine nommé messire Oudart de Renty, qui avait été banni de France et qui avait tourné ses armes contre Philippe.

Mais ceux qui la défendaient étaient quatre braves chevaliers, Geoffroi de Chargny, Baudoin Dennefrin, Jean de Handar et notre vieille connaissance Eustache de Ribeaumont.

La ville de Béthune était si bien défendue par les quatre chevaliers que nous venons de nommer, que les Anglais ne purent rien sur elle.

Alors Édouard III en revint à sa première combinaison, c'est-à-dire à vouloir que Louis de Male, devenu comte de Flandre par la mort de son père, tué à Crécy, épousât sa fille Isabelle.

C'était hardi.

De quelque intérêt que soit une combinaison politique, elle devient au moins difficile quand il s'agit de faire épouser à un homme la fille de celui qui a tué son père.

Il faut, ou que les intérêts soient bien puissants, ou que ce soit un bien mauvais fils, ou que la femme soit bien belle.

Cependant le commun de Flandre ne voyant que les grands avantages à tirer de cette alliance, et se rappelant la promesse faite par Gérard Denis, s'accordait entièrement à consentir à ce mariage, et ne se cachait pas de dire qu'il le désirait, ce dont se réjouissait fort Édouard, car par ce moyen il s'aiderait bien mieux et bien plus sûrement de la Flandre, de même qu'il semblait, et avec raison, aux Flamands que s'ils avaient l'Angleterre pour alliée, ils pourraient hardiment résister au roi de France, dont la protection était loin de pouvoir leur être aussi profitable que l'autre.

D'un autre côté, le comte Louis de Male, qui avait été élevé à la cour de France, disait ce que nous disions tout-à-l'heure, c'est-à-dire qu'il n'épouserait jamais la fille de l'homme par qui son père était mort.

Une seconde difficulté se présentait.

C'était le duc Jean de Brabant qui désirait fortement que le jeune comte prît sa fille pour femme, et qui prenait l'engagement vis-à-vis du prince de le faire jouir entièrement de la comté de Flandre. Puis le duc faisait entendre en même temps que si ce mariage avait lieu, il ferait tant que tous les Flamands seraient de son accord et contraires au roi d'Angleterre. Ce qui faisait que le roi de France consentait au mariage de Brabant.

Quand le duc eut le consentement du roi de France, il envoya de grands messagers en Flandre, adressés aux bourgeois les plus influents. Bref, il colora si bien les raisons qu'il leur donnait, que les conseils des bonnes villes de Flandre, mandèrent le jeune comte leur seigneur, en lui faisant dire que s'il voulait venir en Flandre et suivre leur conseil, ils seraient ses bons et loyaux sujets, et lui délivreraient toutes les justices et juridictions de Flandre; plus et mieux que nul comte n'avait eu avant lui.

Le comte arriva, et fut reçu avec grande joie.

Mais à peine Édouard III apprit-il ce qui se passait, qu'il envoya aussitôt en Flandre le comte de Norhanton, le comte d'Arondel et le seigneur de Cobehen, lesquels parlementèrent tant et pourchassèrent si bien les communautés de Flandre, qu'il y eut revirement, et que les Flamands, malgré tout ce qu'ils avaient dit, eurent plus cher que leur sire prît à femme la fille du roi d'Angleterre que la fille du duc de Brabant.

On voit qu'à cette époque la politique se faisait encore avec une touchante naïveté.

Cependant si bon que fût le conseil, le comte ne voulut pas le suivre, répétant toujours que rien au monde ne le contraindrait à épouser la fille de l'homme dont les prétentions avaient tué son père.

Les conseillers eurent beau dire au jeune comte que si son père avait suivi les conseils qu'on lui donnait, il eût fait alliance avec Édouard, et ne fût pas mort, le fils fut inébranlable dans sa volonté.

Alors voyant qu'ils n'obtenaient rien par le raisonnement, les Flamands employèrent le dernier moyen qui leur restât, ils prirent le comte et le mirent dans une prison courtoise, mais qui était cependant bien une prison, et lui dirent, avec le respect qu'ils avaient pour leur maître, que ce qu'ils faisaient était pour son bien, et que puisqu'il ne s'y prêtait pas de bon gré, ils voulaient qu'il fût heureux de force.

Le comté tint bon quelque temps, mais il n'était pas habitué à la réclusion et il finit par changr d'avis. Il dit donc aux Flamands qu'il suivrait leur conseil, car plus de biens devaient lui venir d'eux que de nul autre pays.

Cés paroles enchantèrent les Flamands, qui ouvrirent la prison et lui laissèrent reprendre une partie de ses habitudes, comme d'aller chasser des oiseaux d'eau sur le bord des rivières, distraction que le prisonnier aimait fort, et de laquelle il lui coûtait fort d'être privé. Mais ils ne cessèrent pas pour cela de le surveiller, et sa prison était en plein air au lieu d'être en quatre murs, car ils le guettaient de si près qu'à peine pouvait-il aller pisser, dit Froissard.

Cela dura ainsi jusqu'à ce que les Flamands eussent fait dire au roi et à la reine qui se tenaient devant Calais, de se rendre à l'abbaye de Bergues pour conclure le mariage accepté enfin par le comte.

On prit donc jour pour que les deux parties se trouvassent entre Neuport et Gravelines.

Là vinrent les hommes les plus notables des bonnes villes de Flandre, amenant leur jeune seigneur, qui s'inclina courtoisement devant le roi et la reine d'Angleterre arrivés avant lui, et traînant à leur suite une grande foule.

Édouard prit le comte par la main, et s'excusa de la mort de son père avec ces paroles douces et bienveillantes qu'il trouvait si bien, ajoutant qu'il avait voulu ne pas entendre parler du comte de Flandre ni le premier ni le second jour de la bataille de Crécy.

Louis de Male sembla très satisfait des raisons que lui donnait Édouard, et il ne fut plus question que du mariage et de ses clauses.

Puis on discuta sur certains traités à

faire et certains engagements à tenir, après quoi le comte fut fiancé à madame Isabelle, fille du roi d'Angleterre, et promit de l'épouser.

Le mariage fut remis à une époque où l'on aurait plus grand loisir de le faire, et les Anglais s'en retournèrent devant Calais, tandis que les Flamands s'en allaient en Flandre, chaque parti enchanté l'un de l'autre.

Les choses demeurèrent en cet état.

Le reste du temps jusqu'au jour fixé pour le mariage ne fut plus employé par le roi d'Angleterre, qu'à faire les préparatifs nécessaires pour donner une grande pompe à cette fête, et qu'à choisir les beaux et riches joyaux dont il comptait faire des présents à cette occasion.

La reine qui s'en voulait bien acquitter aussi, passa en largesses toutes les dames de son temps.

Le jeune comte revenu en Flandre, continua cette distraction qui lui agréait si fort, et qui, comme nous l'avons dit, consistait à aller chasser des oiseaux d'eau sur le bord des rivières. Il paraissait enchanté du mariage convenu et l'acceptait même avec bien plus de plaisir que ne l'eussent pensé ceux qui le lui conseillaient.

Les Flamands convaincus par la franchise de leur seigneur, ralentissaient quelque peu leur surveillance, qui après les choses qui s'étaient passées, eût fini par paraître une insulte.

Le mardi 3 avril, jour des fêtes de Pâques, arriva.

Huit jours après devait avoir lieu le mariage.

Le matin du 3 avril, il faisait un temps magnifique. Aussi le comte se leva-t-il de bonne heure et envoya-t-il quérir son fauconnier qui arriva en toute hâte.

Tous deux se mirent en route, tous deux étaient à cheval.

Ils cheminaient ainsi depuis quelque temps quand le fauconnier voyant se lever un héron, lui lança l'oiseau chasseur, et le comte en fit autant.

Les deux faucons se mirent en chasse, et Louis de Male après eux.

— Qui l'aura? qui l'aura? répétait-il et éperonnant son cheval, il avançait toujours, laissant derrière lui le fauconnier qui était loin d'être aussi bien monté que le prince.

Quand il se crut à une certaine distance, il se retourna et voyant que quoi qu'ils fissent, ses gardes ne le pourraient rejoindre, il enfonça ses éperons dans le ventre de son cheval et prit les champs.

On tenta d'abord de le pour suivre

mais on s'aperçut bientôt que la chose était inutile.

Le comte passa en Artois où il était en sûreté. De là, il se rendit auprès de Philippe VI, auquel il raconta comment il avait été forcé de faire ce qu'il avait fait, et comment par amour pour lui, il avait échappé à la prison et au mariage.

Le roi de France le félicita de son courage et de sa fidélité.

Quant à Édouard, quand il apprit la fuite du comte, comme il savait parfaitement que les Flamands n'y étaient pour rien, et comme d'ailleurs son intérêt était que son alliance avec eux fut maintenue, il accepta facilement les excuses qui lui furent faites, et en attendant, ne s'occupa plus que de son siège de Calais.

On eût dit vraiment que le roi comptait passer le reste de sa vie devant cette ville, tant il parlait peu de s'en aller, et tant il en faisait confortablement le siège.

Il tenait là sa cour comme à Londres, et c'étaient tantôt des chevaliers de Flandre et de Brabant, tantôt des chevaliers de Hainault et d'Allemagne qui le venaient visiter et qu'il comblait de présents.

En ce même temps revint de Prusse le sire Robert de Namur que le sire de

Spontin venait de faire chevalier en la terre Sainte.

Robert de Namur était jeune et brave, aimant les exploits de guerre et les belles appertises d'armes.

De plus, il ne s'était engagé vis-à-vis d'aucun des deux rois qui combattaient l'un contre l'autre, mais comme il était le neveu de Robert d'Artois qu'Édouard avait si bien accueilli ; ses penchants le portaient vers l'Angleterre.

Il réunit donc les chevaliers et écuyers dont il pouvait disposer, et richement ordonné, il se mit en route ainsi qu'il convenait à un seigneur comme lui.

Il marcha ainsi jusqu'à ce qu'il arrivât

au siège de Calais, où il fit part au roi de l'amour qu'il avait conçu de lui pour la protection qu'il avait donnée à son oncle, et où il lui offrit ses services et ceux des chevaliers et écuyers qui l'accompagnaient.

Robert de Namur devint donc féodal du roi d'Angleterre qui lui assigna une pension de trois cents livres à l'esterlin payables à Bruges.

On se rappelle qu'une trêve avait été conclue après le siège de Rennes, entre le roi de France et le roi d'Angleterre, pour ce qui regardait les hostilités de Charles de Blois et de la comtesse de Montfort.

Quand ces trèves furent expirées, chacun se remit à l'œuvre de plus belle, le roi de France confortant Charles de Blois et le roi d'Angleterre aidant la comtesse de Montfort, ainsi que tous deux s'y étaient engagés.

Édouard avait donc envoyé du siége de Calais au secours de la comtesse, deux braves et vaillants chevaliers, nommés Thomas d'Angourne et Jean de Hartuelle.

Deux cents hommes d'armes et quatre cents archers accompagnaient ces deux capitaines, et cette troupe de renfort ne s'arrêta que lorsqu'elle eut rejoint la comtesse à Hennebou.

Ils trouvèrent là un chevalier de la Basse-Bretagne, qui se nommait Tanguy du Chastel avec lequel ils firent souvent des chevauchées et des sorties contre les gens de messire Charles de Blois, et sur le pays qui lui appartenait.

Tantôt c'étaient les uns qui gagnaient, tantôt c'étaient les autres. Ce qu'il y avait de plus clair, c'est que le pays était gâté, couru, pillé et que les pauvres gens en souffraient.

Or il advint un jour que pour mieux utiliser leur temps, les trois chevaliers Thomas d'Angourne, Jean de Hartuelle et Tanguy du Chastel, s'en allèrent avec une grande quantité de gens d'armes à cheval et de soudoyers à pied, attaquer une bonne et forte ville appelée la Roche-de-Rien, et dont la première résistance fut si belle, qu'elle ne laissa pas grand espoir aux assiégeants.

Mais, comme toujours, la fatalité vint au secours des Anglais.

Le hasard voulut en effet que dans cette ville il y eût trois fois plus d'Anglais que de Français, de sorte qu'en voyant la ville assiégée par leurs compatriotes, les Anglais s'emparèrent du capitaine, nommé Tassart de Guines, et lui dirent tout simplement qu'ils le tueraient s'il ne passait aux Anglais avec eux.

Tassart était brave, mais brave seulement quand la mort est une chose utile et vient comme un adversaire sur un champ de bataille, et non quand, comme un larron, elle vous tue dans l'ombre et prend sur votre cadavre ce que vous lui refusez.

Tassart de Guines fit donc ce que voulaient ceux qui l'avaient pris, en récompense de quoi les Anglais, qui repartaient pour Hennebon, le laissèrent capitaine de la ville, mais ne poussèrent cependant pas la confiance jusqu'à ne pas augmenter sa garnison d'une quantité d'hommes suffisante pour le maintenir dans les nouvelles résolutions qu'il venait de prendre.

Quand messire Charles de Blois apprit ce qui venait de se passer, il jura qu'il n'en serait pas ainsi : il manda donc en Bretagne et en Normandie les seigneurs qui étaient de sa partie, et il fit un si grand amas de gens d'armes qu'il réunit bien seize cents armures de fer et douze mille hommes de pied.

Il y avait bien dans cette armée quatre cents chevaliers dont vingt-trois baronnets au moins, qui mirent immédiatement le siège devant la Roche-de-Rien.

Les émigrés, voyant qu'ils n'étaient pas de force à tenir contre une si grande masse de gens, envoyèrent messagers sur messagers à la comtesse de Montfort, pour lui demander du secours.

La comtesse réunit à son tour mille armures de fer et huit mille hommes de pied dont elle donna le commandement à Thomas d'Angourne, à Jean de Hartuelle et à Tanguy du Chastel.

En partant, les trois chevaliers lui dirent qu'ils ne reviendraient pas sans avoir fait lever le siège de la ville.

Quand les hommes de la comtesse se

trouvèrent à deux lieues de l'armée française, ils se logèrent sur la rivière de Jauli, avec l'intention de combattre le lendemain; mais quand ils eurent pris un peu de repos, messire Thomas d'Angourne et Jean de Hartuelle ne purent tenir en place, et prenant environ la moitié de leurs gens, ils les firent armer et monter à cheval sans bruit, et minuit sonnait lorsqu'ils tombèrent sur l'un des côtés de l'armée de Charles de Blois.

Ils y causèrent grand dommage, abattant et tuant; mais ils ne surent pas se retirer à temps, de sorte que toute l'armée put s'armer à son tour et qu'il leur fallut accepter la bataille que leur livraient des troupes nouvelles et fraîches.

Ce furent alors les Anglais qui plièrent.

Messire Thomas d'Angounre fut pris et blessé deux fois, et finit par rester au pouvoir des Français; Jean de Hartuelle parvint à s'échapper avec quelques-uns de ses gens; mais la plus grande partie demeurèrent morts ou prisonniers.

Jean et ses compagnons revinrent annoncer cette triste nouvelle à Tanguy, juste au moment où le sire Garnier de Quadudal, qui n'avait pu venir plus tôt, arrivait avec cent armures de fer.

— Que se passe-t-il? demanda le nouvel arrivant.

On lui raconta l'échec que les gens de la comtesse venaient d'essuyer.

— N'est-ce que cela? dit-il.

— Vous en parlez bien à votre aise, dit Jean de Hartuelle ; on voit bien, messire, que vous arrivez et que vous n'aviez pas comme nous treize mille hommes sur le dos.

— Eh bien! répliqua Garnier, savez-vous ce qui nous reste à faire?

— Dites.

— Suivrez-vous mon conseil?

— S'il est bon.

— Faites aussitôt armer tous vos gens

de cheval et de pied. Vos ennemis se reposent de leur victoire et ne vous attendent certes pas en ce moment. Profitons de leur confiance et tombons sur leur armée ; je vous réponds du succès.

Le conseil était bon. Il fut accepté.

Tout le monde prit les armes.

Ceux qui étaient à cheval allaient devant ; les gens de pied les suivaient.

Le soleil se levait au moment où ils tombaient sur le camp français, dont les soldats dormaient et se reposaient dans une tranquillité parfaite.

Les Anglais commencèrent par abattre les tentes, nefs et pavillons ; ils tuaient à leur aise, si bien que cela ressemblait plutôt à une boucherie qu'à une bataille. Plus de deux cents chevaliers français restèrent sur la place avec quatre mille autres gens. Charles de Blois et tous les braves de Bretagne et de Normandie furent pris.

Quant à Thomas d'Angourne, on n'eut pas besoin de le reprendre ; il alla bien tout seul rejoindre ses compagnons, en sorte qu'il n'eut pas à se plaindre de sa longue captivité.

Jamais il ne fut donné à des ennemis de tuer, en aussi peu de temps, tant de braves et nobles gens, car messire Charles de Blois perdit là la fleur de son pays.

C'était une grande victoire pour la

comtesse de Montfort, et l'on eût pu croire que la prise de Charles de Blois allait mettre fin aux hostilités ; mais la duchesse de Bretagne, sa femme, prit la survivance, et la guerre se trouva entre ces deux dames, la duchesse de Bretagne et la comtesse de Montfort.

Maintenant, laissons les uns se désespérer, les autres se réjouir de cette aventure, et revenons au roi Philippe, qui était battu de quelque côté qu'il se tournât.

Le roi de France, voyant la persistance avec laquelle Édouard tenait le siège de Calais, apprenant tous les jours ce que les assiégés avaient à souffrir, songea à en finir tout d'un coup et à combattre Édouard et à lui faire lever le siège, si cela se pouvait.

Il commanda donc par tout son royaume que tous les chevaliers et écuyers se trouvassent en la cité d'Amiens, ou près de là, le jour de la fête de la Pentecôte.

Nul ne manqua à l'appel, nul ne fit défaut au rendez-vous, car quelque blessure qu'on lui fît, quelque échec qu'il essuyât, le royaume de France était pourvu de si bonne et si loyale chevalerie, qu'il n'en pouvait jamais être dégarni.

Là se trouvaient donc le duc de Normandie, le fils aîné du roi, qui n'avait voulu reprendre les armes qu'après que l'on avait eu délivré Gautier de Mauny.

Le duc d'Orléans, son fils puîné.

Le duc Eudes de Bourgogne, le duc de Bourbon, le comte de Foix, messire Louis de Savoie, Messire Jean de Hainault, le comte d'Armagnac, le comte de Forest, le comte de Valentinois, et tant de comtes et de barons que ce serait merveille à écrire.

Quand tout le monde fut réuni et que les conseils furent ouverts à cette fin de savoir comment l'on pourrait conforter ceux de Calais, il fut reconnu que cela ne se pouvait qu'autant qu'une alliance aurait été faite avec les Flamands et qu'une porte serait ouverte aux Français du côté de Gravelines.

Philippe VI envoya donc aussitôt des messages en Flandre, pour en traiter avec les Flamands.

Mais le roi d'Angleterre avait à cette époque tant de bons amis en Flandre que jamais ils n'eussent octroyé cette courtoisie à son adversaire.

Et cependant les propositions de celui-ci étaient belles. En effet, il offrait de faire lever l'interdit jeté sur la Flandre.

D'y entretenir le blé pendant six ans à un très bas prix.

De leur faire porter des laines de France qu'ils manufactureraient, avec le privilège de vendre en France les draps fabriqués de ces laines, exclusivement de tous autres tant qu'ils en pourraient fournir.

De leur rendre les villes de Lille et de Béthune.

De les défendre envers et contre tous, et pour sûreté de cette promesse, de leur envoyer de grandes sommes d'argent.

Enfin de donner des places avantageuses aux jeunes gens bien constitués qui ne jouissaient pas d'une fortune commode.

Les Flamands n'ajoutèrent point foi à ces promesses, et les rejetèrent, disant que le roi de France ne promettait que pour obtenir.

Quand Philippe vit cela, il ne voulut cependant pas abandonner son entreprise ni avoir fait venir pour rien tant de nobles et vaillants chevaliers.

Il annonça donc que l'on s'avancerait du côté de Boulogne.

Le roi d'Angleterre qui tenait là son siège et qui étudiait tous les jours afin de savoir comment il pourrait le mieux contraindre ceux de Calais, avait bien entendu dire que le roi Philippe faisait un grand amas de gens d'armes, et le voulait venir combattre, de sorte que ne pouvant attaquer sans folie d'un côté, et près d'être attaqué de l'autre, il eut à réfléchir longuement.

Ce qui lui faisait prendre patience, c'était que la ville de Calais était mal pourvue de vivres, car les deux mariniers avaient, malgré leur adresse et leur zèle, grand'peine à entretenir la ville.

Alors pour leur fermer le passage de la mer, Édouard fit charpenter un châtel haut et grand, et le fit si bien garnir qu'on ne le pouvait entamer.

Ce fort était situé sur une langue de terre à l'embouchure du Havre, à peu près où est maintenant le Risban.

Quelque temps après la construction de ce châtel, les Anglais apprirent qu'il y avait en mer un convoi de vivres pour les Calaisiens : Gautier de Mauny, le comte d'Oxford, de Norhanton, de Pembrok et plusieurs autres s'embarquèrent avec un corps de troupes, le lendemain de la Saint-Jean-Baptiste, et rencontrèrent ce convoi en-deçà du Crotoy.

Il se composait de quarante-quatre vaisseaux de même grandeur, dont dix galères qui prirent aussitôt le large. Plusieurs se réfugièrent au Crotoy, mais il y en eut douze qui échouèrent et dont les équipages périrent.

Le lendemain, quand le jour parut, les Anglais voyant sortir de Calais deux vaisseaux, leur donnèrent aussitôt la chasse. L'un rentra dans le port, l'autre échoua, et l'on y fit prisonnier le patron des galères génoises, dix-sept Génois et environ quatre cents autres personnes.

Au moment où il allait être pris, le patron jeta à la mer, attachée à une hache, une lettre que le gouverneur écrivait au roi de France.

Ce qu'il venait de faire n'avait pas échappé à Gautier de Mauny, qui comprit tout de suite de quelle importance devait être cette lettre.

Le lendemain, au moment où la marée descendait, un homme errait sur les bords de la mer, avec une grande anxiété, cet homme suivait de l'œil les flots qui s'éloignaient de lui, et il sondait d'avance les profondeurs des vagues qui fuyaient.

Cet homme, c'était Gautier de Mauny, à qui il avait semblé la veille, à en juger par l'endroit où la lettre avait été jetée, que la mer devait le lendemain, en se retirant, la laisser à découvert sur le sable.

Gautier ne s'était pas trompé.

Il poussa tout-à-coup un cri de joie, il venait d'apercevoir la hache à laquelle le papier avait été attaché, et le papier y était encore.

Il s'en empara et voici ce qu'il lut :

« Très cher et très aimé seigneur.

« Je me recommande à vous tant que
« je le puis. S'il vous plaît de savoir l'é-
« tat de votre ville de Calais, sachez
« qu'à l'heure où nous faisons cette let-
« tre, nous sommes tous encore sains et
« saufs, et que nous conservons la vo-
« lonté de vous servir et de faire tout ce
« qui peut contribuer à votre honneur et
« à votre profit.

« Mais, hélas! très cher et très aimé
« seigneur, sachez que si les gens sont
« encore sains, la ville est loin d'être
« comme les gens; elle manque de blés,
« de vins, de viandes; sachez que nous en
« sommes déjà arrivés à manger les

« chiens, les chats et les chevaux, et que
« si cela continue quelque peu, nous al-
« lons manger les hommes, puisque
« vous nous avez écrit de tenir la ville
« tant qu'il y aurait à manger.

« Maintenant nous n'avons point de
« quoi vivre.

« Nous avons donc résolu, si nous n'a-
« vons un prompt secours, de sortir de
« la ville pour vivre ou mourir, car nous
« aimons mieux mourir en combattant
« que de nous manger les uns les
« autres.

« C'est pourquoi, très cher et très ho-
« noré maître, apportez à cela le remède
« qui sera en votre pouvoir, car cette

« lettre sera la dernière que vous pour-
« rez recevoir de nous et votre ville sera
« perdue ainsi que nous qui sommes
« dedans. »

Après avoir pris connaissance de cette lettre, le roi d'Angleterre fit tant qu'il obtint des Flamands qu'ils sortiraient de Flandre, au nombre de cent mille, et viendraient mettre le siège devant la bonne ville d'Aire, ce qu'ils ne firent pas sans ravager préalablement le pays qu'ils avaient à parcourir avant d'arriver à cette ville.

C'est ainsi qu'ils brûlèrent Saint-Venant, Mureville, la Gorgne, Estelles, le Ventis, et une frontière que l'on appelle la Lœve, jusqu'aux portes de Saint-Omer et de Thérouenne.

Le roi de France voyant cela, s'en vint loger dans la ville d'Arras et envoya une grande quantité de gens d'armes pour renforcer les garnisons de l'Artois. Il mit Charles d'Espagne, qui exerçait alors la fonction de connétable par commission à Saint-Omer, car le comte d'Eu et de Guines qui était connétable de France, était ainsi qu'on doit se le rappeler, prisonnier du roi d'Angleterre.

Quand les Flamands eurent couru les basses frontières de la Lœve, le roi Philippe résolut d'aller avec toute son armée devant Calais, car quoique la lettre de Jean de Vienne ne lui fût pas arrivée, il ne doutait pas que les assiégés ne fussent dans un état pitoyable, et il voulait tenter tous ses efforts pour les délivrer de ce siège.

En outre il n'ignorait pas qu'Édouard leur avait fermé le passage de la mer, ce qui ne contribuait pas peu à amener la perte définitive de la ville.

Philippe partit donc d'Arras et prit la route d'Hesdin. Son armée tenait trois grandes lieues de pays.

Quand le roi se fût reposé un jour à Hesdin, il arriva le lendemain à Blangis où il s'arrêta pour savoir quel chemin il prendrait. Quand sa route fut décidée, il repartit avec tous ses gens qui montaient bien à deux cent mille hommes, et après avoir traversé la comté de Faukenbergue, il arriva droit sur le mont de Sangattes entre Calais et Wissant.

Les Français ne se cachaient pas, ils chevauchaient en plein jour et bannières déployées comme s'ils eussent dû combattre quelques heures plus tard.

Quand ceux de Calais virent cette imposante armée, ils furent en grande joie, car ils crurent à leur délivrance prochaine; mais quand ils virent les Français s'arrêter et se loger au lieu de continuer leur chemin vers les Anglais, ils furent encore plus courroucés qu'auparavant.

Quand Édouard sut que son royal adversaire arrivait à grand renfort de troupes pour le combattre et l'assiéger sous la ville de Calais, qui lui avait déjà coûté tant de peine et qui en était arrivée à ne pouvoir plus tenir longtemps, il chercha naturellement tous les moyens qui pouvaient empêcher Philippe d'en arriver à ses fins.

Edouard savait que le roi ne pouvait venir ni approcher de la ville de Calais que par deux passages : par les dunes, sur le rivage de la mer, ou par-dessus où il y avait une grande quantité de fossés, de tourbières et de marais, qui eussent rendu ce chemin impénétrable, sans un pont que l'on appelait le pont de Nieulay.

Voilà ce que fit alors le roi d'Angleterre.

Il fit retirer tous ses vaisseaux devant les dunes, il fit garnir lesdits vaisseaux de bombardes, d'arbalètres, d'archers et d'espingoles.

Il envoya son cousin le comte de Derby, loger sur le pont de Nieulay, à grand renfort de gens d'armes et d'archers, afin que les Français n'eussent d'autre passage que les marais, qui, comme nous l'avons dit, étaient infranchissables.

Entre le mont de Sangattes et la mer de l'autre côté, il y avait une haute tour que gardaient trente-deux archers anglais, et qui défendaient en cet endroit et pour plus de sûreté, le passage des dunes contre les Français.

Quant à la tour, elle était fortifiée de

doubles fossés et à peu près imprenable.

Quand les Français furent logés sur le mont de Sangattes, les gens des communautés aperçurent cette tour. Ceux de Tournay qui étaient bien quinze cents, vinrent pour l'assaillir. Dès que les archers qui la gardaient les virent approcher, ils tirèrent sur eux et en tuèrent quelques-uns.

Alors il y eut assaut et assaut terrible, car les Anglais se défendaient aussi bien que les Tournaisiens attaquaient. A chaque minute un des assiégeants tombait, mais ceux-ci étaient en nombre et n'en revenaient que plus courroucés à l'assaut. Enfin ils franchirent les fossés et arrivèrent jusqu'à la motte de terre sur laquelle était assise la tour.

Tous ceux qui se trouvaient dedans furent tués.

Cette première prouesse d'armes était d'un bon augure pour les Français et leur donna de l'espoir.

Philippe envoya donc immédiatement le seigneur de Beaujeu et le seigneur de Saint-Venant, pour aviser et regarder comment et par où son armée pourrait passer le plus aisément, afin d'approcher les Anglais et de les combattre.

Les deux maréchaux allèrent et revinrent en disant ce que nous savons déjà, c'est-à-dire, qu'ils ne pouvaient risquer d'approcher les Anglais sans être certains de perdre la plupart de leurs gens.

Le lendemain, Philippe envoya des messages au roi d'Angleterre, par le conseil de ses maréchaux.

Ces messages passèrent par le pont de Nieulay, que le comte de Derby avait fait ouvrir aux messagers.

Ces messagers étaient Geoffroy de Chargny, messire Guy de Nelle, le sire de Beaujeu et Eustache de Ribeaumont.

En passant, les quatre chevaliers avisèrent bien et considérèrent comment le pont était gardé, ce qui ne leur donna pas grand espoir, car le comte de Derby avait admirablement organisé la garde de ce passage.

Les ambassadeurs trouvèrent le roi entouré de sa baronnie, s'inclinèrent, et messire Eustache de Ribeaumont s'avança, et prit la parole :

— Sire, dit-il, le roi de France nous envoie par-devers vous, et vous signifie qu'il est arrêté sur le mont de Sengattes pour vous combattre; mais il ne peut, ni voir, ni trouver voie par laquelle il puisse venir jusqu'à vous, et cependant il en a grand désir, pour désassiéger sa ville de Calais. Il vous demande donc de réunir son conseil au vôtre, et l'on avisera de l'endroit où l'on se pourra combattre. Voilà, Sire, ce que nous étions chargés de vous dire de sa part.

Édouard répondit :

— Je remercie le roi Philippe VI de vous avoir envoyé à moi, car je ne connais aucun messager qu'il me soit plus agréable de voir que vous, messire Eustache de Ribeaumont. Cependant vous venez au nom de mon adversaire qui retient à tort un héritage qui m'appartient. Dites-lui donc, messire, qu'il y a un an que je suis ici, qu'il pouvait venir plus tôt, qu'il ne l'a pas fait, et m'a laissé par conséquent bâtir toute une ville et dépenser de grandes sommes. Dans peu de temps je serai maître de la ville, ce n'est donc pas le moment d'aller risquer l'aventure d'un combat, quand j'ai ici la certitude d'une victoire. Dites-lui que du reste il ne se rebutte pas, ajouta Édouard en souriant, et que s'il n'a pas encore trouvé de chemin, qu'il cherche et qu'il en trouvera peut-être un.

Les messagers virent bien qu'ils n'emporteraient pas d'autre réponse, et ils se retirèrent.

Le roi les fit accompagner jusqu'au bout du pont, et ils rapportèrent à Philippe ce qui leur avait été répondu, ce qui jeta le roi de France dans une grande consternation, car il n'y avait plus aucun moyen humain de sauver Calais.

Pendant ce temps arrivèrent, envoyés par le pape Clément, deux légats qui étaient Annibal Ceccano, évêque de Tusculum, et Etienne Aubert, cardinal au titre de Saint-Jean et de Saint-Paul. Plusieurs tentatives avaient déjà été faites par Clément VI, qui depuis le commencement de la guerre, n'avait cessé de chercher à concilier les deux rois. Il avait même été jusqu'à écrire à Édouard, en lui témoignant sa surprise du peu d'égard que ce prince avait eu pour les ouvertures que lui avaient faites ses légats, lettres auxquelles le roi d'Angleterre avait répondu en se justifiant du reproche qui lui était adressé, qu'il était prêt à faire la paix, sauf son droit à la couronne de France qu'il regardait comme son légitime héritage.

Les deux cardinaux n'obtinrent pas plus que Philippe, qu'Edouard levât le siège de Calais, tout ce qu'ils purent faire, ce fut de procurer une trêve de quelques jours et d'instituer de chaque côté, quatre seigneurs qui devaient se réunir et parlementer de paix.

Du côté du roi de France, ce furent le duc de Bourbon et d'Athènes, le chancelier de France, le sire d'Offremont et Geoffroy de Chargny.

Du côté des Anglais, le comte de

Derby, le comte de Norhantonne, messire Regnault de Cobehen et messire Gautier de Mauny.

Quant aux deux cardinaux, ils étaient les intermédiaires et allaient de l'un à l'autre conseil.

Trois jours on parlementa et le troisième jour on n'était encore venu à bout de rien.

Le roi d'Angleterre profitait de tous ces délais pour reposer son armée, et faire faire de grands fossés sur les dunes, afin que les Français ne les pussent surprendre.

Ceux de Calais qui jeûnaient pendant ce temps-là, voyaient toutes ces parlementations avec peine, car ils ne faisaient que retarder l'heure de leur délivrance, soit qu'on les prit, soit qu'ils se rendissent.

Quand Philippe vit bien qu'il n'y avait rien à obtenir d'Édouard, qu'il ne pourrait délivrer Calais, que son armée, non-seulement lui était inutile, mais était ruineuse, il ordonna de partir et de déloger, et le 2 août au matin, il fit plier les tentes, ramasser les bagages et se mit en route du côté d'Amiens, après avoir donné congé à tous ses gens d'armes.

Quand ceux de Calais virent le départ des Français, ils en furent navrés jusqu'au fond de l'âme, et il n'y a cœur si dur qui en voyant leur désespoir n'eût eu pitié d'eux.

Comme on le pense bien, les Anglais ne perdirent rien à ce décampement. Ils suivirent la queue de l'armée française et ramenèrent des chars, des lits, des vins et des prisonniers au camp du roi d'Angleterre.

Lorsque ceux de Calais se virent ainsi abandonnés, et que le secours dont ils avaient fait leur dernière espérance leur manquait, ils étaient en si grande détresse qu'ils tinrent conseil et qu'ils décidèrent qu'ils se rendraient, disant qu'il valait mieux après tout se rendre et se mettre à la merci du roi d'Angleterre, que de se laisser tous mourir de faim, ce qui ne l'empêcherait pas ensuite d'entrer dans la ville quand les habitants ne seraient plus que des cadavres.

Ils vinrent donc trouver Jean de Vienne, et le supplièrent de traiter de la capitulation.

Celui-ci se fit prier longtemps, mais enfin il comprit qu'il répondrait un jour de la vie de tous ces gens, s'il ne leur accordait ce qu'ils venaient lui demander, et montant aux créneaux des murs de la ville, il fit signe à ceux du dehors qu'il voulait leur parler.

— Enfin, dit Édouard, quand il apprit ces nouvelles, et il envoya messire Gautier de Mauny et le seigneur de Basset voir ce que voulait Jean de Vienne.

Quand les deux chevaliers furent auprès du capitaine, celui-ci leur dit :

— Chers seigneurs, vous êtes de vaillants chevaliers experts en matière d'armes et de guerre. Vous savez que le roi de France, qui est notre seigneur, nous a envoyés céans et commandé que nous gardassions cette ville et ce château, de façon à ce qu'il n'y eut ni blâme pour nous, ni dommage pour lui. Nous avons fait tout ce que nous avons pu. Notre secours nous manque, et vous nous avez si bien étreints que nous n'avons de quoi vivre. Il faudra donc que nous mourions tous de faim, si votre gracieux roi n'a pitié de nous. Chers seigneurs, veuillez donc le supplier qu'il veuille avoir merci de nous, et qu'il nous laisse aller tous ainsi que nous sommes. Il prendra notre ville, le château et toutes ses richesses. Il en trouvera assez.

Alors, Gautier de Mauny répondit au capitaine : —

— Messire Jean, messire Jean, nous savons partie de l'intention du roi, notre sire, car il nous l'a dite. Sachez donc qu'il ne veut pas que vous vous en alliez ainsi que vous le demandez. Son intention est que vous vous remettiez en son pouvoir, pour qu'il rançonne ceux de vous qu'il lui plaira, ou les fasse mourir s'il aime mieux ; car ce siége lui a coûté tant d'hommes et d'argent qu'il est chaque jour plus courroucé.

— Ce serait trop dure chose pour nous, si nous consentions à ce que vous dites, répondit messire Jean de Vienne. Nous sommes ici quelques chevaliers et écuyers qui avons servi notre seigneur comme vous servez le vôtre, et qui avons même plus souffert pour lui, que vous pour le roi d'Angleterre; mais dussions-nous souffrir plus encore, nous ne permettrions pas que le plus petit garçon ou le dernier valet de la ville eût autre mal que le plus grand de nous. Nous vous prions donc et tout simplement, messire, de dire au roi d'Angleterre qu'il ait pitié de nous.

— Par ma foi, dit Gautier ému par cette noble réponse, je le ferai volontiers, messire Jean, et si le roi veut m'en croire, vous en vaudrez tous mieux.

Alors Gautier de Mauny et son compagnon se retirèrent laissant sur les remparts Jean de Vienne qui attendait la réponse du roi Édouard.

Quand les deux ambassadeurs rentrèrent dans la chambre du roi, ils le trouvèrent avec le comte Derby, le comte de Norhantonne, le comte d'Arondel et plusieurs autres barons d'Angleterre.

— Sire, dit alors Gautier, nous avons rempli la mission dont vous nous aviez chargé. Nous avons trouvé messire Jean de Vienne en disposition de vous rendre la ville et le château, si vous voulez lui accorder la vie sauve à lui et aux autres habitants de Calais.

— Et qu'avez-vous répondu? demanda le roi.

— J'ai répondu, monseigneur, dit messire Gautier de Mauny, que vous n'en feriez rien s'ils ne se rendaient simplement à votre volonté, pour vivre ou pour mourir selon qu'il vous plairait. Mais ajouta le chevalier, quand j'eus dit cela, Sire, messire Jean de Vienne me répondit qu'avant d'en venir à cette capitulation, lui et ses compagnons vendraient chèrement leur vie et plus chèrement qu'aucuns chevaliers ne le firent jamais.

— Cependant, fit le roi, je n'ai ni la volonté, ni l'espoir d'accorder autre chose.

Alors Gautier de Mauny prit le roi à part et lui dit :

— Monseigneur, en ceci, vous nous donnez mauvais exemple et pourriez bien avoir tort. Car si vous nous vouliez envoyer en quelqu'une de vos forteresses, nous n'irions plus si volontiers, si vous faites mettre ces gens à mort, car nous aurions à craindre que l'ennemi ne fût pas plus clément que vous, et que ce cas échéant, il nous traitât comme vous traitez ceux de Calais.

Cette parole calma beaucoup la colère du roi, d'autant plus que les barons qu'il consulta furent de l'avis de Gautier.

Le roi reprit donc :

— Seigneurs, je ne veux pas être tout seul contre vous tous. Gautier vous irez retrouver ceux de Calais et vous leur direz que la plus grande grâce qu'ils puissent obtenir de moi, est celle-ci : Que six des plus notables bourgeois de la ville de Calais, viennent la corde au cou, et les clefs de la ville et du château en leurs mains, se mettre à ma disposition. Je ferai d'eux ce que bon me semblera et prendrai le reste à merci.

A ces mots Gautier de Mauny quitta le roi et vint retrouver messire Jean de Vienne qui l'attendait et auquel il rapporta mot pour mot ce qu'Édouard venait de lui dire, ajoutant que cette concession était la seule qu'il eût pu obtenir.

— Je vous crois, messire, répliqua Jean de Vienne, et je vous prie de demeurer ici jusqu'à ce que j'aie communiqué cette réponse à la communauté de la ville, car je ne suis que leur envoyé et c'est à eux de délibérer s'ils doivent ou ne doivent pas accepter ce que leur offre le roi d'Angleterre.

Sur ce, messire Jean de Vienne rentra dans la ville, fit sonner la cloche pour rassembler les gens de toutes sortes et se rendit à la place du marché.

Au son de la cloche accoururent hommes et femmes, car tous désiraient savoir les nouvelles, comme il convient à des gens épuisés par un long siège.

Quand ils furent tous venus et rassemblés, Jean de Vienne leur rapporta ce que venait de lui dire Gautier de Mauny et leur demanda une prompte et brève réponse.

Ce rapport entendu, ils se mirent tous

à pleurer et à crier, à ce point que les ennemis en eussent eu pitié, s'ils les avaient pu voir. Il fut donc impossible d'obtenir la réponse attendue.

Quant à Jean de Vienne, il faisait comme tout le monde, il pleurait.

Quelques instants s'écoulèrent dans ce désespoir général, et un homme fendant la foule monta sur une borne et dit :

— Ce serait grand dommage de laisser mourir tout un peuple quand il y a un moyen de le sauver, et ce serait douter de Dieu et de sa clémence que de ne pas accepter ce moyen. Pour moi j'ai si grande confiance d'obtenir grâce auprès du Seigneur, si je meurs pour une aussi noble cause, que je veux être le premier à me sacrifier. J'irai donc, moi Eustache de Saint-Pierre, sans autre vêtement que ma chemise et la corde au cou, me mettre à la merci du roi d'Angleterre.

Tous se jetèrent alors aux genoux de celui qui venait de parler ainsi, et un autre bourgeois, nommé Jean d'Aire, se leva à son tour et dit qu'il l'accompagnerait, puis un troisième nommé Pierre de Vissaut, puis le frère de celui-ci, puis un cinquième, puis un sixième dont l'histoire ingrate n'a pas conservé le nom.

Quand les six victimes furent prêtes, messire Jean de Vienne monta sur une hacquenée et se dirigea vers la porte de la ville, suivi d'abord des six bourgeois, puis de toute la population dont les femmes et les enfants pleuraient en se tordant les mains.

La porte fut ouverte. Jean de Vienne et ses six compagnons sortirent et la porte se referma sur eux.

Alors Jean de Vienne dit à Gautier de Mauny qui attendait sur le rempart :

— Messire, je vous délivre, comme capitaine de Calais, et par le consentement du pauvre peuple de cette ville, ces six bourgeois, en vous jurant qu'ils sont et ont été jusqu'à ce jour les plus honorables et les plus notables de la ville, je vous adjure, gentil Sire, que vous veuilliez prier pour eux le roi d'Angleterre et que ces braves gens né perdent pas la vie.

— J'ignore ce que fera monseigneur, répondit Gautier ; mais ce dont je puis répondre, c'est que j'userai de tout mon pouvoir sur lui pour obtenir la grâce de ceux que je lui mène et qui se sont si noblement et si promptement dévoués.

Alors la barrière fut ouverte et les six bourgeois s'en allèrent dans l'état que nous avons dit.

A l'heure où ils se présentèrent à Édouard, celui-ci était dans sa chambre en grande compagnie de comtes, de barons et de chevaliers.

Quand il apprit que c'étaient les six bourgeois qu'il avait demandés qui arrivaient, il s'en vint sur la place devant son hôtel, suivi de tous les seigneurs qui étaient dans sa chambre avec lui.

En un instant la place fut pleine de gens curieux de savoir comment finirait ce drame inattendu, et la reine d'Angleterre elle-même, quoiqu'elle fut enceinte et au moment d'accoucher, accompagnait son seigneur.

— Sire, dit Gautier de Mauny, voici la représentation de la ville de Calais à votre ordonnance.

Un sourire de triomphe passa sur les lèvres du roi, car il haïssait réellement les habitants de Calais, pour les dommages qu'ils lui avaient causés autrefois sur mer.

Les six bourgeois se mirent à genoux devant le roi et lui dirent :

— Gentil Sire, tous six nous sommes d'ancienneté bourgeoise de Calais et grands marchands : Nous vous apportons les clefs de la ville de Calais, et nous livrons à vous en l'état où vous nous voyez pour que vous épargniez le reste de nos compatriotes qui ont eu tant à souffrir du siège que vous nous avez fait.

Certes il n'y eut pas en ce moment dans toute la place un homme de cœur qui pût s'abstenir de verser des larmes de pitié.

Le roi au contraire regarda ces hommes avec colère, et il était tellement irrité qu'il ne pouvait dire une parole.

Enfin il parvint à maîtriser cette colère et il dit :

— C'est bien. Emmenez ces hommes et qu'on leur tranche la tête.

Tous les barons qui étaient là se jetèrent aux genoux du roi en pleurant et en demandant la grâce de ces malheureux, mais Édouard ne voulait entendre à personne.

Gautier de Mauny, qui se savait aimé du roi, prit alors la parole et lui dit :

— Ah ! Sire : Veuillez appaiser votre courroux et vous souvenir de votre réputation de noblesse et de clémence, qui ne doit pas être souillée en cette circonstance. Tout le monde regardera comme une inutile cruauté, Sire, que vous fassiez mourir des gens sans défense qui se sont dévoués pour sauver leurs compagnons.

— Merci de votre conseil, Messire, rérépondit sèchement le roi, mais il sera fait comme j'ai dit. Ceux de Calais ont fait mourir tant de mes hommes, qu'il faut que ceux-ci meurent à leur tour.

Qu'on fasse venir le bourreau, ajouta le roi.

Au moment où l'on allait exécuter l'ordre du roi, la reine s'approcha de lui.

— Monseigneur, dit-elle, vous m'avez promis quand je suis arrivée d'Angleterre, de m'accorder tout ce que je vous demanderais, pour me récompenser des périls que j'avais courus pour vous venir rejoindre. Je ne vous ai encore rien demandé, Monseigneur, mais aujourd'hui, au nom de votre parole, je requiers de vous la grâce de ces hommes.

Le roi hésita quelque temps.

Il était évident qu'un grand combat se

livrait entre sa haine et sa promesse.

Enfin il dit en passant la main sur son front et comme avec effort :

— C'est juste, Madame. Prenez donc ces hommes et faites-en ce que bon vous semblera.

Un an après les évènements que nous venons de raconter, c'est-à-dire, pendant la nuit du 31 décembre 1549, au 1ᵉʳ janvier 1550, il y avait fête au château de Calais.

Une immense table était servie et n'attendait plus que les convives que l'on entendait parler dans les salles avoisinantes. Parmi ces convives se trouvait Eustache de Ribeaumont et, celui qui donnait le souper était le roi d'Angleterre.

Nous allons voir à la suite de quelles circonstances avait lieu ce souper.

Quand Édouard eut donné à la reine Philippe, les six bourgeois de Calais, il dit à Gautier de Mauny :

— Vous allez, messire, aller prendre possession de la ville de Calais. Vous prendrez tous les seigneurs et chevaliers que vous y trouverez, et me les amènerez pour que je les mette à rançon, à moins qu'ils ne donnent leur parole de se rendre, moyennant quoi vous les laisseriez, car ils sont tous gentilshommes et ne sauraient manquer à leur parole. Quant aux soudoyers et à tous ceux qui se battaient pour gagner leur vie, vous les renverrez, et ils s'en iront librement où ils voudront, ainsi que tout ce qui sera femmes, hommes et enfants, car je veux repeupler cette ville de purs Anglais.

Tout avait été fait ainsi que le roi l'avait ordonné, et deux maréchaux accompagnant Gautier de Mauny et accompagnés de cent hommes au plus, étaient venus prendre possession de Calais, et avaient fait prisonniers messire Jean de Vienne, messire Baudouin de Bellebourne, et les autres.

Les maréchaux avaient fait apporter à la halle toutes les armures des soudoyers, les avaient fait réunir en un tas, et avaient fait partir tous les menus gens.

Quand les principaux hôtels avaient été évacués, quand le château avait été prêt à recevoir Édouard, la reine et tous les gens du roi, Gautier en avait prévenu son maître, et celui-ci était enfin entré à Calais, au son des tambours, des trompes, des musettes, et accompagné de ménestrels qui chantaient son triomphe.

La reine était accouchée heureusement d'une fille qui fut nommée Marguerite de Calais, et qui épousa depuis le comte de Pembroke.

Le roi avait fait la distribution des hôtels à ses chevaliers, à Gautier de Mauny, au baron de Staffort, au seigneur de Cobehen, à messire Barthélemi de Bruges et aux autres.

Son intention était en outre, une fois qu'il serait de retour à Londres, d'envoyer à Calais trente-six riches bourgeois et notables de sa capitale.

Quant à la ville même bâtie par le roi,

elle avait été abattue. Les prisonniers furent envoyés à Londres où ils restèrent six mois environ, après quoi ils payèrent leur rançon et s'en allèrent.

Ce fut un douloureux spectacle que de voir partir de leur patrie, misérables et à moitié morts de faim, tous ces gens qui y possédaient auparavant des maisons et des fortunes, et qui ne savaient littéralement que devenir.

C'est alors que Philippe de Valois qui n'avait pu venir en aide aux Calaisiens pendant le siège se souvint d'eux après. Il fit tout ce qui était en son pouvoir pour récompenser le courage et la fidélité de ces malheureux. Il publia une ordonnance par laquelle il accordait tous les offices vacans à ceux d'entre eux qui voudraient s'en faire pourvoir.

Une autre ordonnance avait précédé celle-là, par laquelle il faisait aux Calaisiens, chassés de leur ville, concession de tous les biens qui lui échoieraient, pour quelque cause que ce fu.

Il ne s'arrêta pas là, et le 10 septembre il leur accorda, par une nouvelle ordonnance, un grand nombre de privilèges qui leur furent confirmés sous les règnes suivants.

Une grande partie des exilés s'était retirée à Saint-Omer, Philippe était resté à Amiens et Édouard à Calais. Enfin, une trève avait été conclue entre les deux rois, trève qui ne s'appliquait pas au duché de Bretagne, pour lequel la duchesse de Bretagne et la comtesse de Montfort continuaient à se combattre.

Le roi d'Angleterre était reparti avec la reine, laissant le commandement de Calais à Jean de Montgommery. Son premier soin en revenant à Londres, avait été d'envoyer à Calais trente-six riches bourgeois avec leurs femmes et leurs enfants, et plus de trois cents autres hommes de moindre état.

Charles de Bretagne avait été amené en Angleterre et mis en prison avec le roi d'Écosse et le comte de Moray, mais grâce aux sollicitations de madame la reine, il avait la liberté de se promener à cheval autour de Londres, et pouvait de temps en temps passer une nuit hors du château.

Le comte d'Eu et de Guines était aussi prisonnier en Angleterre, mais il était si joli cavalier, qu'il était partout le bienvenu du roi et de la reine, des barons, des dames et des damoiselles d'Angleterre.

Une trêve avait bien été conclue entre les deux rois, le roi d'Écosse avait bien été pris, mais cela n'empêchait pas messire de Douglas, le vaillant chevalier d'Écosse, et les Escots qui se tenaient en la forêt de Gedours, de guerroyer contre les Anglais; partout où ils en rencontraient, et de ne tenir aucun compte des trèves que le roi de France et le roi d'Angleterre avaient ensemble.

D'autre part aussi, ceux qui étaient en Gascogne, en Poitou, en Saintonge, semblèrent ne pas avoir entendu parler des trèves conclues. Ils conquéraient villes fortes et châteaux les uns sur les autres, de ruse ou de force, de nuit ou de jour, et il y avait de belles aventures d'armes, tantôt du côté des Anglais, tantôt du côté des Français.

Toutes ces escarmouches, ces pillages, ces batailles isolées, engendrèrent des espèces de brigands qui se mettant à la tête de quelques hommes, ravageaient le pays et gagnaient à ce métier de bons et beaux butins. Il y avait parmi ces chefs des gens qui se trouvaient bien possesseurs de cinquante et soixante mille écus, ce qui était une véritable fortune.

Ils avaient des plans de siège et de bataille qui étaient d'une naïve simplicité.

Ils épiaient de loin un bon château ou une bonne ville pendant un jour ou deux, puis ils s'assemblaient vingt ou trente brigands, et s'en allaient tant de jour que de nuit et par voies couvertes, jusqu'à ce qu'ils entrassent dans la ville ou le château. Ils y arrivaient juste au point du jour et mettaient le feu à une ou deux maisons. Ceux de la ville croyaient par ce début avoir affaire au moins à mille armures de fer, et s'enfuyaient à qui mieux mieux, abandonnant leurs maisons, leurs coffres et leurs bijoux à ces brigands qui s'en revenaient tranquillement, chargés de leur pillage.

C'est ce qu'ils firent à Dournac et en bien d'autres endroits encore.

Parmi ces brigands, il y en a deux qui méritent que leur biographie prenne place ici.

Le premier s'appelait Bacon. Celui-là

était Languedocien, c'était un homme habile, adroit et ambitieux.

Il avisa le château de Bombourne en Limousin, partit avec trente hommes, l'escalada, le prit, tua tous ceux qui l'habitaient, à l'exception du seigneur qu'il garda prisonnier dans son château même, et qui finit par payer sa rançon vingt-quatre mille écus, qu'il paya comptant, car messire Bacon n'était pas gentilhomme et ne lui eut pas fait crédit.

Ce ne fut pas tout.

Bacon garda le château par-dessus le marché, le fortifia bien d'hommes, d'armes et de vivres, et ravagea le pays environnant.

Quand le roi de France apprit les prouesses du brigand, au lieu de le faire arrêter et pendre, il le manda auprès de lui, lui acheta son château vingt mille écus, le fit son huissier d'armes et l'eut en grand honneur.

Ce qui prouve que dans ce temps déjà, la vertu finissait toujours par trouver sa récompense.

Le second était un gaillard peut-être plus hardi, peut-être plus habile, mais à coup sûr moins ambitieux que l'autre, du moins de cette ambition de cour et d'honneurs que Bacon avait acceptée.

Celui-là qui s'appelait Croquard, avait commencé par être un pauvre diable, longtemps page au service du seigneur d'Eule, en Hollande.

Quand ce Croquard commença à devenir grand, il eut congé, passa en Bretagne et se mit à servir un homme d'armes. Il fit si bien, qu'à une rencontre qui eut lieu, son maître fut tué, et que ses compagnons l'élurent capitaine, en remplacement de celui qui venait de succomber.

C'était tout ce que voulait Croquard.

Depuis ce temps il acquit tant par prises et par rançons, qu'il se trouva un jour à la tête de soixante mille écus, sans compter les chevaux dont il était bien pourvu, car il en avait bien dans ses écuries vingt ou trente, bons coursiers et doubles roncins.

Deux ans après, il fut choisi pour être de la bataille des Trente, et combattant pour les Anglais, il fut le meilleur combattant.

Le roi de France voyant cela, le voulut avoir auprès de lui, mais comprenant qu'il fallait lui faire de plus belles propositions qu'à Bacon, il lui offrit de le faire chevalier, de le marier richement et de lui donner deux mille livres de revenu par an, s'il voulait redevenir Français.

Mais Croquard n'était pas ambitieux, comme César, il aimait mieux être le premier dans un bourg, que le second à Rome, Croquard refusa.

Ce refus devait lui porter malheur, car quelque temps après en essayant un jeune cheval qu'il avait acheté trois cents écus, et l'échauffant outre mesure, le cheval l'emporta, et cheval et cavalier roulèrent dans un fond, sans qu'aucun d'eux s'en relevât.

Je ne sais, dit Froissard, que son avoir devint, ni qui eût l'âme ; mais je sais que Croquard finit ainsi.

Maintenant, revenons à la ville de Calais, dont le siège et la prise définitive doivent être le dernier incident de cet ouvrage.

En ce temps-là, c'est-à-dire, à la fin

de l'année 1349, se tenait à la ville de Saint-Omer, le vaillant chevalier messire Geffroy de Chargny.

Il était là, envoyé par le roi de France, qui l'avait fait gardien de ses frontières, si bien que Geffroy de Chargny y commandait comme un roi.

Or, il était plus que qui que ce fut, courroucé de la prise de Calais, et il passait tout son temps et occupait toute son imagination à savoir comment il la pourrait reprendre.

Par force, c'était chose impossible.

Par ruse, c'était chose improbable.

Restait la trahison.

Ce moyen offrait plus de chances, car

maître Aimery de Pavie à qui la ville avait été confiée, était Lombard, et les Lombards étaient réputés pour leur amour de l'argent.

Geffroy de Chargny résolut donc de tenter l'aventure de ce côté.

Un fois cette résolution prise, le capitaine français ne dormit pas qu'il ne l'eût accomplie.

Il n'alla pas lui-même, mais il envoya secrètement des entremetteurs à Aimery de Pavie, car une trêve avait été conclue, et ceux de Calais pouvaient aller à Saint-Omer, et ceux de Saint-Omer à Calais, pour faire leurs provisions et vendre leurs marchandises.

Ceux que Géffroy de Chargny, avait envoyés, et qu'il attendait avec une grande impatience, revinrent enfin. Leur visage paraissait le messager de bonnes nouvelles.

— Quelle réponse? demanda le capitaine.

—Excellente, messire.

— Ainsi, cet Aimery de Pavie.

— Est un vrai misérable, mais dont nous ne devons pas dire trop de mal en ce moment, car il va nous être utile.

— Ainsi il consent?

— Parfaitement!

— Et ses conditions.

— Ne sont pas exorbitantes.

— Que veut-il ?

— Vingt mille écus et il livrera le château.

— C'est bien, dit Geffroy de Chargny, vous allez ce soir même partir pour Paris, et annoncer cette bonne nouvelle au roi Philippe VI, et lui demander les vingt mille écus qu'il nous faut.

Le soir même les envoyés de Geffroy de Chargny, partirent de Saint-Omer, et à peu près à la même heure, un homme quittait le château de Calais et s'embarquait pour l'Angleterre.

Cet homme était Aimery de Pavie.

Il arriva à Douvres, s'achemina vers

Londres et fut introduit près du roi d'Angleterre.

— Sire, lui dit-il, j'ai suivi vos ordres.

— Eh bien !

—Eh bien ! les Français sont venus et ils m'ont demandé pour quel prix je leur livrerais le château, j'ai demandé vingt mille écus, et comme messire Geffroy de Chargny ne les avait pas, il les a envoyés demander à Philippe VI, et pendant ce temps, je suis venu vous dire ce qui se passait.

— Et vous avez bien fait, messire, car vous savez que nous vous aimons.

—Que me reste-t-il à faire ?

— Concluez le marché. Seulement, faites-moi savoir le jour où vous devez livrer le château.

— Et les vingt mille écus? demanda Aimery de Pavie qui n'était pas tout à fait délombardisé.

— Ne seront qu'une bien faible récompense de vos loyaux services. Cependant gardez-les. Ils seront de bonne prise. Dès que messire Geffroy de Chargny a abusé de la trève, pour faire de telles propositions, nous sommes dans notre droit en en profitant. Allez.

Aimery de Pavie s'inclina et prit congé du roi.

Quand il revint à Calais, nul n'avait

encore été informé de son départ.

Quant au roi de France, il avait refusé les vingt mille écus, disant qu'une pareille action pendant une trêve était une déloyauté.

Mais messire Geffroy de Chargny qui n'était pas de cet avis, et qui voulait le bien du roi Philippe, malgré lui, réunit plusieurs chevaliers de Picardie, leur fit part de ce qui se passait, et tous furent d'accord qu'il fallait livrer les vingt mille écus et reprendre la ville, ce dont Philippe serait fort content une fois que la chose aurait été faite sans qu'il y eut pris part.

En conséquence, les seigneurs de

Fremie, de Ribeaumont, Jean de Landas, Pepin de Were, le seigneur de Créqui, Henry de Blais et plusieurs autres se cotisèrent, et fournirent les vingt mille écus demandés; puis on envoya dire à Aimery de Pavie que l'échange aurait lieu dans la nuit du 1er janvier.

Aimery avait juste le temps de prévenir le roi.

Comme il ne pouvait quitter la ville en un moment si périlleux, il envoya à Édouard son frère, dans la fidélité duquel il avait une confiance entière.

Quand le roi d'Angleterre eût vu le frère d'Aimery et fut informé de tout, il fit appeler Gautier de Mauny, et lui conta ce qui se préparait.

— Nous allons partir, ajouta le roi, et vous, messire, qui nous accompagnerez, vous serez chef de cette besogne, car mon fils et moi, nous combattrons sous votre bannière.

— Merci de cet honneur, répondit Gautier, et à moins que Dieu ne nous trahisse, la chose viendra à notre honneur.

Le roi d'Angleterre partit en effet avec trois cents hommes d'armes, six cents archers et le prince de Galles; il s'embarqua à Douvres et arriva de nuit à Calais.

Personne ne sut la cause du retour du roi et de ses neuf cents hommes.

Lui et sa troupe se rendirent au château où ils se cachèrent en attendant l'évènement.

Le 1ᵉʳ janvier 1350, Geffroy de Chargny avec ses gens d'armes et ses arbalêtriers quitta Saint-Omer quand la nuit fut avancée.

Il arriva assez près de Calais, et ayant fait arrêter ses hommes, il envoya deux de ses écuyers demander à Aimery de Pavie, si le moment de se présenter était venu.

Les deux écuyers chevauchèrent secrètement et trouvèrent Aimery qui les attendait, et qui leur demanda où était messire Geffroy.

— Il est près d'ici, répondirent les écuyers.

— Eh bien! allez lui dire qu'il vienne, fit Aimery.

Les écuyers ne se le firent pas dire deux fois, et ils coururent annoncer à Geffroy de Chargny qu'il pouvait marcher sur Calais.

Celui-ci disposa sa petite troupe, traversa avec elle le pont de Nieullay et approcha de Calais.

Arrivé là, il envoya douze de ses chevaliers et cent armures de fer, prendre possession de la ville, et il remit les vingt mille écus à Oudard de Renty qui était chargé de les donner à Aimery de Pavie, en recommandant que le capitaine Lombard ouvrit la porte du château, car c'était seulement par-là qu'il voulait entrer.

Aimery de Pavie qui était un homme sage, avait abaissé le pont de la porte des champs, et il laissa paisiblement entrer tous ceux qui le voulurent. Quand les cent armures et les douze chevaliers furent en haut du château, ils crurent qu'ils en étaient maîtres. Voyant cela, Aimery de Pavie demanda à Oudard de Renty, où étaient les vingt mille écus.

— Les voici, dit celui-ci en lui remettant le sac où se trouvaient ses florins, comptez-les si bon vous semble.

— Je n'ai pas le temps, répondit Aimery, et d'ailleurs, messire, je me fie à votre parole.

Et prenant le sac il le jeta dans la chambre voisine.

— Il ne vous reste plus qu'à tenir votre promesse, dit Oudard.

Alors Aimery se leva et alla fermer à clé la porte de la chambre dans laquelle il venait de jeter l'argent; puis il dit à messire Oudard:

— Attendez-moi ici, vous et vos compagnons, je vais ouvrir la grande tour par laquelle vous serez plus facilement maîtres du château.

En sortant, Aimery de Pavie ferma la porte au verrou et il alla en effet ouvrir celle de la tour.

Mais dans cette tour se trouvaient Édouard, son fils, Gautier de Mauny et deux cents combattants environ qui sortirent en tirant leurs épées et en criant :

— Mauny ! Mauny ! à la rescousse !

Et ils ajoutèrent :

— Croient-ils donc, ces Français, reconquérir si facilement le château et la ville de Calais.

Quand les Français virent ces deux cents hommes qui se précipitaient furieux, ils comprirent qu'il était inutile de se défendre et ils se rendirent.

A peine s'il y eut quelques blessés.

Quand les Anglais eurent renfermé les prisonniers, ils se mirent en ordonnance et partirent du château. Arrivés à la porte, ils montèrent à cheval et se dirigèrent vers la porte de Boulogne.

C'était là qu'était messire Geffroy de Chargny avec sa bannière, de gueules avec trois écussons d'argent, et qui attendait patiemment le moment d'entrer dans la ville où il voulait entrer le premier; aussi ne pouvait-il se contenir, et disait-il de temps en temps aux chevaliers qui étaient auprès de lui :

— Que ce Lombard tarde longtemps ; il nous fait mourir de froidure.

— Hé! mon Dieu! répondait Pepin de Were, les Lombards sont malicieuses gens, et celui-là regarde vos florins pour voir s'ils y sont tous ou s'il n'y en a pas de faux, et cela prend du temps.

Ils en étaient là de leur conversation quand la porte s'ouvrit et qu'une troupe d'hommes à cheval s'avança sur eux. Un instant ils crurent que c'étaient les leurs qui revenaient, mais ils virent bientôt qu'ils se trompaient, et reconnurent les bannières de Gautier de Mauny, du seigneur de Beauchamp. En entendant ceux qui venaient crier ainsi qu'ils avaient fait dans la tour :

— Mauny ! Mauny ! à la rescousse !

— Nous sommes trahis ! s'écria Geffroy de Chargny. Si nous nous sauvons, nous sommes perdus ; si nous nous rendons, nous sommes des lâches. Défendons-nous et la journée nous restera.

— Par saint Denis ! vous dites vrai, s'écrièrent tous les chevaliers français. et malheur à qui fuira !

Alors tous les Français se mirent à pied et chassèrent leurs chevaux dans le chemin, car ils eussent été trop foulés. Quand le roi d'Angleterre vit cela, il fit arrêter la bannière sous laquelle il était et dit :

— Je veux rester et combattre ici, mais que l'on fasse passer la plus grande partie de nos gens devant la rivière et le pont de Nieulay, car on m'a dit qu'il y a là quantité de Français à pied et à cheval.

Il fut fait ainsi que le roi l'avait ordonné.

Six bannières et trois cents archers le quittèrent et s'en vinrent au pont de Nieulay que messire Moreau de Fiennes et le sire de Creseques gardaient.

Les arbalétriers de Saint-Omer et d'Aires se trouvaient entre Calais et le pont, il y en eut plus de cent-vingt de tués.

Moreau de Fiennes et le sire de Creseques résistèrent longtemps et vaillamment, mais quand ils virent que les Anglais croissaient toujours et recevaient nécessairement du renfort de Calais, ils remontèrent sur leurs coursiers et montrèrent les talons.

Les Anglais se mirent à leur poursuite.

Ce fut une rude journée, et quand le soleil se leva, il éclaira bien des morts.

De part et d'autre on s'était bien battu, et il y avait eu un grand nombre de prisonniers.

Quant au roi d'Angleterre, il s'en était venu la visière baissée, et toujours sous la bannière de Gautier de Mauny, chercher ses ennemis au milieu même de leurs rangs.

Parmi eux il reconnut messire Eustache de Ribeaumont, et sans lui dire qui il était il l'attaqua.

Eustache de Ribeaumont était un rude joûteur dans un tournoi, comme nous l'avons vu, mais c'était un dangereux adversaire dans une bataille. Deux fois il fit tomber Édouard sur ses genoux, et deux fois celui-ci, relevé par Gautier de Mauny et Regnault de Cobehen, recommença la lutte.

Mais Édouard était un partenaire digne d'Eustache, et ne se laissant pas abattre par ces deux premiers échecs, il ne voulut jamais abandonner le combat quoique pût lui dire Gautier, et ce fut le chevalier français qui commença à plier tant et si bien, que tombant sur ses genoux à son tour et ne pouvant se relever, il rendit son épée à Édouard sans savoir que c'était au roi qu'il la rendait.

La journée resta aux Anglais, après quoi Édouard se retira à Calais et ordonna qu'on y amenât les prisonniers. Quand ceux-ci surent que le roi avait combattu lui-même sous la bannière de Gautier de Mauny, ils en furent tout joyeux, car ils comptaient sur sa générosité bien connue.

Édouard commença par leur faire dire qu'il voulait cette première nuit de l'an les avoir tous à souper. En conséquence, à l'heure où les tables furent prêtes, tous les prisonniers entrèrent dans la salle du festin richement vêtus et devisant gaîment, ainsi que nous l'avons dit au commencement du chapitre précédent.

Quand tous les chevaliers prisonniers furent à table, les chevaliers anglais et le jeune prince de Galles leur servirent eux-mêmes le premir mets, après quoi ils allèrent s'asseoir à une autre table où on les servit à leur tour.

Pour Edouard, il présidait le repas, et avait fait mettre à ses côtés les prisonniers, donnant à chacun la place qui convenait à son rang.

Quand les tables furent levées et le repas fini, le roi la tête nue, et portant au col un chapelet de perles fines, avec lequel jouait sa main droite, alla parler aux plus nobles de ses prisonniers.

— Messire, dit-il en s'adressant à Geffroy de Chargny, je devrais vous en vouloir beaucoup, à vous qui vouliez vous emparer en une nuit de ce qui m'a coûté plus d'un an de peines, et avoir pour vingt mille écus ce qui m'a coûté tant d'argent, mais Dieu m'a aidé. Vous avez été vaincus, et comme je suis sûr qu'il m'aidera encore, je vous pardonne de grand cœur.

— Sire, répondit Geffroy de Chargny, n'accusez que moi de ce qui est arrivé, car notre seigneur et maître le roi de France n'a pas voulu donner les vingt mille écus que nous lui demandions pour conclure le marché, disant qu'en temps de trêve, pareilles choses étaient déloyales.

— Je sais cela, Messire, répliqua le roi, je serai moins sévère que le roi de France, car, à mon avis, contre des ennemis comme nous toute ruse est de bonne guerre.

Puis Édouard, quittant Geffroy de

Chargny, alla à messire Eustache de Ribeaumont.

— Messire Eustache, lui dit-il, vous êtes en vérité le chevalier que j'aime le plus voir après Gautier de Mauny. D'ailleurs je vous l'ai déjà dit à Calais quand vous êtes venu à moi en ambassadeur.

Eustache s'inclina.

— Nul, reprit le roi, n'attaque et ne se défend mieux que vous. Ah! vous êtes un terrible adversaire, Messire, et je n'ai jamais eu tant à faire contre quelqu'un qu'aujourd'hui contre vous.

— Contre moi, Sire?

— Eh! pardieu oui, contre vous, vous m'avez jeté deux fois à terre, Messire, et c'est à moi que vous vous êtes rendu.

— Alors, je regrette moins d'avoir été vaincu, Sire, d'autant plus que ce n'est pas la première fois que je me reconnais vaincu par vous.

— C'est vrai, répliqua le roi; aussi, Messire, je vous veux, en souvenir de ces deux luttes et d'un temps plus heureux pour moi, donner un gage de mon estime pour vous.

En disant cela, le roi retirait le chapelet de perles qu'il avait autour du col et ajoutait :

— Prenez ce chapelet, Messire, je vous le donne comme au mieux combattant de la journée de ceux du dedans et du dehors, et vous prie de le porter toute cette année pour l'amour de moi. Je sais que vous êtes gai et amoureux, et que volontiers vous vous trouvez entre dames et damoiselles, dites donc, quand cela vous arrivera, que c'est moi qui vous ai donné ce chapelet et pourquoi je vous l'ai donné, elles ne vous en estimeront que plus. En attendant, vous êtes mon prisonnier, mais comme je ne veux pas faire les choses à demi, je vous tiens quitte de votre rançon, et vous pourrez repartir demain quand vous aurez reposé.

Quand messire Eustache de Ribeaumont entendit ces paroles, il s'en réjouit ort, et deux choses causèrent sa joie.

La première, c'était ce prix de bravoure que lui donnait le roi devant tant de braves et vaillants chevaliers.

La seconde, c'était que le roi lui faisait grâce de sa prison ; aussi ne put-il s'empêcher de dire à Édouard :

— Gentil Sire, vous me faites plus d'honneur que je ne vaux, et Dieu vous puisse rendre les courtoisies que vous me faites. Je suis un pauvre homme qui n'eut jamais pu payer sa rançon et qui désire son avancement. Merci, Monseigneur, du double encouragement que vous me donnez. Je porterai ce collier, non pas un an, mais toute ma vie, et après le service de mon très cher et très redouté seigneur le roi, je ne sais nul roi que je servirais si volontiers que vous.

— Grand merci, dit Édouard, car je sais que vous pensez tout cela.

En ce moment on apporta le vin et les épices, et le roi se retira dans sa chambre et donna congé à tout le monde.

Le lendemain au matin, le roi fit délivrer à Eustache deux roncins et vingt écus pour retourner à son hôtel.

Eustache prit congé des chevaliers français qui restaient prisonniers, et s'en retourna en France, racontant partout ce qui s'était passé et la courtoisie que lui avait faite Édouard.

Un grand malheur avait traversé les deux dernières années pendant lesquelles s'étaient accomplis les évènements que nous venons de raconter.

Comme si la France n'eut pas eu assez de ses défaites quotidiennes, des misères et du découragement qui en résultaient, un immense fléau lui arriva tout-à-coup de l'Italie. Le jour de la Toussaint de l'an 1347, le premier cas de peste se manifesta en Provence, et l'épidémie, comme un grand manteau noir, couvrit bientôt toute la France. Elle traversa le Languedoc, emportant dix consuls sur douze; elle visita Narbonne et y laissa trente mille cadavres. Dans le commencement, ceux qui survivaient ne pouvaient suffire à l'enterrement des morts, et bientôt, ils y renoncèrent, abandonnant sur leur lit, le fils sa mère, le père son fils, le frère sa sœur.

Le mal allait toujours envahissant.

Semblable à une marée mortelle, partout où il passait on ne retrouvait rien que la trace de son passage.

Enfin, il arriva au cœur, c'est-à-dire à Paris. Là il s'abattit comme un vautour, dévorant incessamment les entrailles de ce Prométhée éternel qu'on appelle la France, et qui, grave et rêveur au milieu de ses plus grandes tortures, reste les yeux fixés sur ce ciel dont il veut surprendre la flamme et dire la vérité.

C'était une effroyable mortalité d'hommes et de femmes, de vieillards et de jeunes gens. Seulement la mort semblait préférer les jeunes; et courtisane éhontée, venait les prendre au milieu de leur jeunesse, de leur force et de leurs amours, et terminait dans les convulsions de l'agonie la chanson commencée dans les rires du festin.

Il y a à Florence une fresque d'Orcagna qui nous servira d'image. La mort traversant les plaines éthérées n'écoute pas les misérables et les vieillards qui l'appellent, en étendant vers elle leurs mains décharnées, mais, sombre et haineuse, elle brise d'un violent coup de sa faux une porte derrière laquelle chantent, boivent et dansent des jeunes hommes et de belles jeunes femmes.

Il en était ainsi à Paris.

Ceux qui étaient atteints souffraient

deux ou trois jours puis mouraient. Ceux qui les assistaient emportaient le germe de la maladie, et mouraient comme ceux qu'ils avaient vus mourir.

Les prêtres s'éloignaient, et quelques religieux, plus fermes dans leur foi, plus convaincus de leur mission, soignaient les malades.

Les sœurs de l'Hôtel-Dieu surtout, semblaient porter en elles un trésor inépuisable de douceur, de confiance et d'humilité. Elles mouraient pieusement sans rien regretter de la vie, sans rien reprocher à Dieu.

Nul ne savait à qui s'en prendre de ce fléau, car les hommes ne peuvent se venger de Dieu quand ils l'accusent, et lorsqu'ils souffrent il faut qu'ils se vengent sur quelqu'un.

Jamais on n'avait eu si grande abondance de vivres. Ce n'était donc pas à la terre qu'il fallait s'en prendre. On dit alors que cette peste venait d'une infection de l'air et des eaux, et, comme toujours, ce fut aux juifs que l'on s'en prit. Le monde se souleva contre eux, et comme le feu purifie, on alluma partout d'immenses bûchers, et l'on brûla des milliers de juifs.

Ce fut surtout en Allemagne que ce fléau se présenta sous un sinistre aspect.

L'Allemagne était excommuniée par le pape, à cause de la fidélité réelle qu'elle avait gardée, d'un côté à son empereur mort, et de l'autre, à Louis de Bavière. Il en résulte que ceux qui mouraient croyaient que le mal dont ils étaient atteints était le complément de leur excommunication, l'aide, enfin, qu'apportait le Seigneur à la colère de son ministre pontifical.

A Strasbourg, seize mille hommes moururent qui se crurent damnés, car aucun sacrement n'avait visité leur agonie.

Quelque temps les Dominicains avaient persisté à faire le service divin, puis ils avaient fini par s'en aller comme les autres.

Trois hommes seulement, trois mystiques, ne tinrent pas compte de l'interdit. Le premier de ces hommes était Tauler, qui écrivait son Imitation de la pauvre vie de Jésus, et qui allait confesser dans la forêt de Soignes, près Louvain, le vieux Ruysbrock, le docteur extatique.

Le second était Ludolph, qui écrivait la vie du Christ.

Le troisième était Suro, qui écrivait le livre des neuf rochers.

Pendant ce temps, le peuple avait voulu suppléer par quelque chose à l'abandon où le laissait l'Église; au lieu de l'absolution il avait l'extase, au lieu de la pénitence la mortification.

Tout-à-coup des populations entières partaient sans savoir où mener leurs pas, poussées devant elles par ce vent de mort, comme les masses de sable du désert s'envolent en rouges tourbillons sous le souffle ardent du Simoun. Elles étaient pressées d'un besoin d'émigration étrange ; et s'arrêtant dans les villes, les hommes et les femmes à moitié nus, pâles et décharnés, venaient sur les places, se fouettant avec des fouets armés de pointes d'acier. On eût dit le repentir soudain des démons de l'enfer.

Puis ils chantaient des cantiques comme celui-ci :

> Or avant, entré nous tous frères,
> Battons nos charognes bien fort
> En remembrant la grant misère
> De Dieu et sa piteuse mort,
> Qui fut jour en la gent amère,
> Et vendu et traï à tort,
> Et battu sa chair vierge et dère
> Au nom de ce battons plus fort.

Ils restaient ainsi un jour et une nuit dans chaque ville, se flagellant deux fois par jour, puis quand ils en avaient fait autant pendant trente-trois jours et demi, ils se croyaient aussi purs qu'au jour du baptême.

Cette idée prit d'abord les Allemands, puis elle gagna la France par la Flandre et la Picardie.

Ce n'était pas seulement le peuple, mais des gentilshommes, de nobles dames et des seigneurs qui se livraient à ces pérégrinations et à ces mortifications sanglantes et publiques.

Ces sombres pénitences du nord n'envahirent pas l'Italie.

Lisez le prologue du *Décaméron* de Boccace.

« J'ai vu, dit-il, deux porcs qui, dans la rue, secouèrent du groin les haillons d'un mort : une petite heure après, ils tournèrent, tournèrent et tombèrent ; ils étaient morts eux-mêmes.

« Oh ! continue le conteur, que de belles maisons restèrent vides ! que de fortunes sans héritiers! que de belles dames, d'aimables jeunes gens dînèrent le matin avec leurs amis, qui, le soir venant, s'en allèrent souper avec leurs aïeux.

Plusieurs s'enfermaient, se nourrissaient avec une extrême tempérance des aliments les plus délicats et des vins les plus fins. Ils ne voulaient entendre parler en aucune façon des malades, et se divertissaient par les danses et la musique, en s'abstenant de luxure. D'autres prétendaient au contraire que la meilleure médecine était d'aller chantant, buvant et riant de tout. Ils le faisaient comme ils le disaient, et couraient jour et nuit de maison en maison, et cela d'autant plus facilement que tous laissaient leurs biens à l'abandon, n'en ayant pas plus soin que d'eux-mêmes. Les lois divines et humaines étaient dissoutes. Il n'y avait plus personne pour promulguer les unes ni pour faire respecter les autres. Les gens de la campagne, attendant à chaque instant la mort, n'avaient plus aucune préoccupation de l'avenir, et mus par un dernier sentiment d'égoïsme, ils s'efforçaient de consommer tout ce qu'ils avaient. Quant aux animaux, on eût dit que rien n'était changé pour eux dans la nature. Les bœufs, les ânes, les moutons s'en allaient dans la campagne, et quand ils étaient repus, ils rentraient tranquillement le soir à la maison, et sans qu'il fût besoin d'un berger pour les y ramener.

De cet abandon général résulta une chose jusque-là inouïe, c'est qu'une femme malade, si belle, si noble, si gracieuse qu'elle fût, ne craignait pas de se faire servir par un homme même jeune, ni de lui laisser voir, si la nécessité de la maladie l'y obligeait, tout ce qu'elle aurait montré à une femme, ce qui peut-être, ajoute Boccace, causa diminution d'honnêteté en celles qui guérirent.

Voici ce que dit le continuateur de Nangis.

« Ceux qui restaient hommes et femmes, se marièrent en foule. Les survivantes concevaient outre mesure. Il n'y en avait pas de stérile, on ne voyait d'ici et de là que femmes grosses. Elles enfantaient qui deux, qui trois enfants à la fois.

« Pendant ce temps, la reine de France, femme du roi Philippe, était morte, ainsi que Bonne de Luxembourg, femme du duc de Normandie, si bien que le père et le fils se trouvèrent veufs.

« Le duc Jean n'eut pas de cesse qu'il ne fut remarié, et il jeta les yeux sur madame Blanche, fille de Philippe III, de Navarre; mais pendant un voyage qu'il fit, son père épousa Blanche, et à son retour, le duc de Normandie le retrouvant marié, épousa tout simplement la veuve de Philippe de Bourgogne, son cousin germain, dont la mort, on se le rappelle, lui avait fait tant de peine à Aiguillon.

« Quant au comte Louis de Flandre qui s'était si adroitement soustrait au mariage projeté et presque conclu entre lui et la fille d'Édouard, il épousa la fille du duc de Brabant, et rentra en jouissance de ses droits. »

Un dernier épisode, et nous en aurons fini avec l'histoire politique et guerrière de Philippe VI et d'Édouard III.

Comme nous l'avons vu dans le chapitre précédent, le roi d'Angleterre avait emmené avec lui à Londres, les prisonniers qu'il avait faits à Calais, lorsqu'Aimery de Pavie avait dû liver aux Français le château et la ville.

Geffroy de Chargny faisait partie de ces prisonniers, et il fût un des premiers qui payèrent leur rançon et qui revinrent en France.

Or, ce capitaine avait toujours sur le cœur la trahison du Lombard et les vingt mille écus qu'il lui avait donnés, de sorte qu'en arrivant à Saint-Omer, la première chose dont il s'enquit fut de savoir ce qu'était devenu Aimery de Pavie.

Celui-ci s'était retiré en un petit château que l'on appelait Frétin, sur la route de Calais et dont le roi Édouard III, lui avait fait don. Il vivait là, se donnant beaucoup de bon temps, et ayant pour maîtresse une fort belle femme qu'il avait amenée d'Angleterre, mais cette femme ne se contentait pas de n'aimer que lui, comme lui ne se contentait d'aimer qu'elle. Il en résulte qu'elle avait un autre amant lequel était écuyer de messire Moreau de Fiennes, et passablement jaloux d'Aimery de Pavie.

Quand Geffroy de Chargny se mit en quête du Lombard, le hasard fit qu'il s'adressa justement à cet écuyer qui comprenant aux questions du capitaine ce dont il s'agissait, se garda bien de lui cacher la retraite d'Aimery de Pavie, et gagnant par ses réponses la confiance de Geffroy, finit par faire avouer à celui-ci tout ce qu'il voulait.

L'occasion de n'avoir plus à être jaloux était bonne. L'écuyer vengeait son pays et se débarrassait d'un rival. Il se chargea de conduire Geffroy de Chargny jusqu'à la porte de la chambre du Lombard, en lui recommandant d'épargner la femme qui se trouverait dans le château, et de ne dire à personne qui lui avait donné les renseignements qu'il demandait.

Aimery qui ne soupçonnait pas qu'il pût courir le moindre danger, continuait à passer son temps en fête et en festins et s'abandonnait sans le moindre pressentiment à son amour, pour sa belle maîtresse.

Pendant ce temps, Geffroy de Chargny avait fait une assemblée de gens d'armes avec lesquels il se mit en route un soir.

Le lendemain, dès le point du jour, ces hommes entouraient le château qui n'était pas grand, et Geffroy entrait dedans, seulement avec quelques compagnons.

Une demi-heure après, Aimery était

prisonnier ainsi que sa maîtresse. Du reste, rien ne fut pris ni violé dans le château, car il y avait trêve entre la France et l'Angleterre.

— Vous savez, messire, ce que vous m'avez promis, dit l'écuyer à Geffroy de Chargny, quand le prisonnier et sa maîtresse eurent été transportés à Saint-Omer.

— Je vous ai promis la grâce de cette femme.

— Oui, Messire.

Geffroy de Chargny regarda l'écuyer en souriant et lui dit :

— Comment se fait-il que vous connaissiez si bien l'intérieur du château Frétin.

— Cela vient, Messire, de ce que j'y suis allé souvent, pendant que le sire de Pavie n'y était pas, de sorte que celle qui me recevait passait son temps à me faire visiter le château.

— Eh bien! si non seulement je vous donnais la grâce de cette femme, mais encore la femme, que feriez-vous.

— Je la prendrais, Messire, et je la garderais le plus longtemps possible en souvenir de votre courtoisie.

— Eh bien! prenez-la donc, car elle est libre, et si j'en crois ce que je suppose, elle ne sera pas longtemps fidèle à la mémoire du Lombard.

Le soir même, la damoiselle quitta le château où elle avait été renfermée, et vint rejoindre celui à qui elle devait la vie, et avec lequel elle vécut à partir de ce jour.

Quant à Aimery, il fut jugé par les seigneurs français et condamné comme traître.

En conséquence, le peuple fut appelé à venir voir sur la place du marché, de quelle façon le sire de Chargny punirait la trahison, et il ne s'en retourna qu'après avoir vu le cadavre du Lombard, suspendu par le col à la potence que l'on avait dressée exprès pour lui.

Huit ans se sont passés depuis les premiers évènements du dernier chapitre.

Philippe VI est mort dans cet intervalle, laissant à son fils Jean, une couronne difficile à porter, et celui-ci a recommencé aussitôt les hostilités avec l'Angleterre, le seul héritage réel que lui ait laissé son père.

Le pape Clément est mort et Innocent VI lui a succédé. Le duc de Brabant est mort à son tour; une trêve, entre Jean et Édouard, due à l'intervention du nouveau pape, a duré deux ans.

Édouard a fait alliance avec Charles de Navarre, et les hostilités contre la France ont recommencé.

Guillaume de Douglas a repris Bervik que le roi d'Angleterre va reprendre peu de temps après.

Le prince de Galles acouru, a brûlé et pillé le pays de Toulousain et de Narbonnais. L'invasion éteinte sur un point s'est incessamment rallumée sur un autre.

Enfin, la bataille de Poitiers a eu lieu, terrible et plus terrible répétition même de la bataille de Crécy.

Dieu semble combattre contre la France.

Le prince de Galles arrive avec deux mille hommes d'armes, quatre mille archers et deux mille brigands dans un pays qu'il ne connaît pas, manquant de vivres, et ne sachant même pas si l'ennemi est devant ou derrière lui.

Jean, au contraire, a cinquante mille hommes à sa suite et couvre toute la campagne de ses coureurs. Il a avec lui ses quatre fils, vingt-six ducs ou comtes, cent quarante baronnets avec leurs bannières déployées.

La position de chacun des adversaires est désespérée. L'Anglais n'a plus de vivres, comme à Crécy les Français marchent sans ordre.

Le prince de Galles offre alors de rendre tout ce qu'il a pris, villes et prisonniers, et de ne plus servir de sept ans contre la France.

Jean refuse. Il veut que le prince de Galles se rende avec cent chevaliers.

Le combat s'engage.

Les Anglais sont fortifiés sur le côteau de Maupertuis, près Poitiers.

Il n'y a qu'à les laisser là et à les y cerner : au bout de deux jours ils se rendront à moitié morts de faim.

Comme son père à Crécy, Jean est impatient de combattre, et il attaque.

Le côteau sur lequel se trouvent les Anglais est une colline raide, plantée de vignes, fermée de haies, hérissée de buissons.

Les archers dominent la pente.

Un sentier étroit est le seul chemin qui conduise à eux.

Jean le fait gravir par ses cavaliers, qui, reçus par les flèches anglaises, tombent les uns sur les autres.

L'ennemi profite du désordre et descend de son poste.

Trois des fils du roi se retirent avec une escorte de huit cents lances et sur l'ordre de leur père.

Jean ne veut pas reculer et fait merveille.

Une hache à la main droite et son plus jeune fils à côté de lui, il frappe sans relâche comme un bûcheron dans une forêt.

Aussi est ce le point vers lequel les chevaliers anglais se dirigent. A partir de ce moment, ils espèrent faire prisonnier le roi de France.

Les assauts redoublent. Geffroy de de Chargny est tué, la bannière de France en main, Godefroid de Hainaut est massacré.

Les défenseurs de Jean diminuent peu à peu. Il ne peut lutter seul contre tous ceux qui l'environnent, et ses forces s'épuisent.

En ce moment un homme fend la foule des combattants, arrive jusqu'à Jean et lui dit en français :

— Sire, rendez-vous.

— Qui êtes-vous, lui dit alors le roi, vous qui me dites de me rendre dans la langue que je parle?

— Sire, je suis Denys de Morbecque, chevalier d'Artois, et je sers le roi d'Angleterre, ne pouvant demeurer au royaume de France, où j'ai perdu tout ce que je possédais.

— Je ne me rendrai qu'à mon cousin, le prince de Galles, répond le roi, et je ne le vois pas.

— Rendez-vous à moi, Sire, et je vous mène à lui.

— Voici mon gant droit, dit Jean, et il suivit le chevalier.

Le prince de Galles emmène son royal captif qu'il traite en roi.

Il lui fait faire son entrée à Londres, sur un cheval blanc, ce qui est un signe de suzeraineté, et il le suit sur une petite hacquenée noire.

Humilité dont il prend bien sa revanche en gardant prisonnier le roi du pays ennemi. Il est vrai que la prison du roi Jean est un palais et sa captivité une suite de fêtes et de plaisirs.

Pendant ce temps, les fuyards de Poitiers viennent annoncer à Paris qu'il n'y a plus ni rois, ni barons en France, qu'ils sont tous pris ou tués, et le pays effrayé se demande ce que l'Anglais va faire de lui.

Les prisonniers de Poitiers reviennent chercher leurs rançons, épuisent les paysans et ruinent le pays.

La France est infestée de pillards qui se disent Navarrais et viennent on ne sait d'où.

Le Dauphin n'a aucune autorité, et en eût-il, ne saurait qu'en faire : il est faible, jeune, malade, inquiet.

Le moment arrive où la France va être dans l'état où Édouard veut depuis si longtemps qu'elle soit.

Il y a deux ans que Jean est en Angleterre environ, quand un homme se présente à Westminster et remet une lettre à Édouard.

A peine Édouard a-t-il pris lecture de cette lettre, qu'il pâlit et ordonne qu'on lui selle un cheval.

Une fois déjà il a suivi la route qu'il va suivre. Cette première fois, il était accompagné de Jean de Hainaut et de Robert d'Artois ; mais aujourd'hui ces deux compagnons ne sont plus là, tous deux sont morts, et le roi, après avoir ordonné qu'on selle son cheval, fait appeler Gautier de Mauny avec lequel il part.

Dans le premier volume de ce livre, nous avons vu Édouard suivre la Tamise, la traverser à Windsor et entrer au château de Reding, où il a confié sa mère à la garde ou plutôt à la surveillance de Mautravers.

Cette fois encore il prend la même route, et comme toujours, c'est le front baissé et la bouche silencieuse qu'il la parcourt. Seulement il a mis son cheval à une allure plus rapide, et au bout d'une heure de marche, il s'arrête à la porte du château où il prie Gautier de Mauny de l'attendre.

On abaisse le pont et le roi entre.

Il traverse une cour, monte un large escalier et pénètre dans une chambre où le reçoit Mautravers.

— Comment est ma mère? demande Édouard.

— Très mal, Sire, répond l'ancien assassin devenu geôlier.

—Est-ce elle qui a demandé à me voir?

— Non, Monseigneur, c'est moi qui ai cru devoir vous prévenir de ce qui arrivait.

— Et où est-elle?

— Dans cette chambre.

Et en disant cela, Mautravers soulève une tapisserie et le roi, se découvrant, entre dans la chambre de la moribonde.

Il y resta deux heures environ ; ce qui se passa entre la mère et le fils, nul ne le sait.

De temps en temps, Mautravers entendait un sanglot. Était-ce le fils qui pleurait ce qu'il avait fait à sa mère, était-ce la mère qui pleurait la mort de son époux, le crime de sa jeunesse et l'adultère de sa vie.

Nous l'ignorons.

Tout ce que nous pouvons dire, c'est que deux heures après qu'il était entré dans la chambre de la reine douairière, Édouard en sortit plus sombre et plus pâle encore.

— Vous êtes libre, dit-il à Mautravers, ma mère est morte.

Si vous voulez sortir de Londres avec nous et suivre la Tamise, à neuf milles environ de la capitale de l'Angleterre, vous trouverez un village qu'on appelle aujourd'hui Richemond, qui autrefois s'appelait Sheen, et était un petit manoir royal qu'Édouard habitait fréquemment à cause de sa position charmante.

C'est le 21 juin 1576, et le manoir, éclairé des feux d'une belle journée de printemps, sourit au soleil.

Tout chante au dehors.

Entrons; tout est triste au dedans.

Une foule de chevaliers et de seigneurs silencieux encombrent les chambres qui avoisinent celles du roi.

C'est le duc de Bretagne, le comte de Derby, le comte de Cambruge, le comte de la Marche, madame de Coucy, fille du roi.

Tous ces gens attendent, espèrent ou craignent.

Depuis le matin Édouard est si malade, qu'à moins que Dieu ne fasse un miracle, il doit mourir avant la fin du jour.

Passons maintenant dans la chambre du roi.

Il est couché; son fils, le prince de Galles, n'est pas auprès de lui, car il est mort l'année précédente et Édouard n'a auprès de lui que le jeune Richard, fils du prince.

— Venez auprès de moi, mon enfant, lui dit Édouard, vous allez être roi. Ceux à qui je vais vous laisser vous diront ce que j'ai fait de bien et de mal, et ce sera à vous de juger en quoi vous devrez imiter ou abandonner l'exemple de votre aïeul.

Puis Édouard faisant entrer les comtes, barons, chevaliers et prélats qui se trouvaient dans le château, se leva sur son séant, tout faible qu'il était, revêtit son héritier des insignes royaux et fit jurer à tous ceux qui étaient là, qu'après sa mort, ils le reconnaîtraient pour roi.

Ce serment fait et reçu, Édouard congédia tous ceux qui venaient d'entrer et resta seul avec Gautier de Mauny.

— Tu es le seul de tous ceux que j'aimais, dit-il au chevalier, qui ait sur-

vécu et qui m'aide à sortir de cette vie
sans trop me lamenter à l'idée de la
mort. Tant que Dieu te laissera vivre,
Gautier, veille sur Richard et sur ma
belle Angleterre que j'aurais voulu faire
plus heureuse, car je l'ai toujours aimée
comme une fiancée. Crois-tu que j'ai fait
pour elle tout ce que je devais faire?

— Je le crois, Sire.

— Crois-tu que l'avenir gardera ma
mémoire et respectera mon nom.

— Monseigneur, non-seulement je
crois qu'il gardera votre mémoire, mais
je suis sûr qu'il la bénira.

— Merci, Gautier, dit le roi en serrant
la main du vieux chevalier, merci. Main-

tenant causons un peu de notre vie de guerre et d'aventures. Il me semblera que je meurs comme j'aurais voulu mourir, en combattant, car il y a un souvenir qui pèse sur ma vie et que la mort lente fait grandir à mes yeux et change en remords.

— Et bien! Sire, un saint homme s'est présenté tout-à-l'heure, disant qu'il voulait vous parler et vous exhorter avant votre mort; voulez-vous que je l'aille chercher?

— A-t-il dit son nom.

— Non, Monseigneur; il a dit seulement qu'il était l'ermite du château de Wark.

— Du château de Wark, dit le roi en tressaillant ; faites entrer cet homme, Gautier, et laissez-moi seul avec lui.

Gautier obéit au roi.

Quelques instants après, un vieillard aux cheveux blancs et à la barbe blanche, entrait dans la chambre d'Édouard et s'asseyait à son chevet.

Le roi fixa sur lui un regard inquiet, cherchant à distinguer dans les traits de cet homme un visage connu et que depuis la mort d'Alix il avait revu bien souvent dans ses rêves.

— Vous ne me reconnaissez pas, Sire, dit cet homme.

— Oh! maintenant, je vous reconnais, murmura le roi ; vous avez parlé.

Et l'œil fixé sur ce vieillard comme sur son juge, le roi attendait.

— Vous ne comptiez pas me revoir, Sire.

— Non, balbutia Édouard.

— Écoutez, Monseigneur, fit le comte de Salisbury, je ne viens pas tourmenter votre mort. Dieu vous rappelle à lui avant moi, c'est sans doute pour que je puisse vous absoudre du remords qui doit vous ronger le cœur, car un roi comme vous, Monseigneur, ne brise pas l'amour et l'honneur d'un serviteur comme moi sans s'en repentir amèrement au jour de sa comparution devant Dieu.

— C'est vrai, Messire, c'est vrai.

— Trente ans ont passé sur votre crime et sur ma vengeance. Le monde a été plein de votre nom et votre gloire n'a pas tué ce témoin éternel qu'on nomme la conscience. Moi, depuis trente ans, je vis dans la retraite, et la solitude a tué en moi cette mauvaise conseillère qu'on nomme la haine; si bien qu'aujourd'hui, Sire, si je n'ai pas oublié tout-à-fait, j'ai du moins pardonné et c'est en ami que je visite votre lit de mort.

— Merci, comte, merci, répondit le roi.

Et il tendit sa main à Salisbury.

— Vous voyez, Sire, que je suis moins inexorable que vous, reprit celui-ci, car ce n'est pas avec les mêmes sentiments que vous avez assisté à l'agonie de votre mère.

— Quoi, savez-vous...?

— J'étais à côté de la chambre où elle est morte, et j'ai entendu tout ce que vous lui avez dit.

— Et comment étiez-vous là.

— Comme je suis ici, comme un saint homme dont les paroles de consolation peuvent soulager une âme prête à retourner au Seigneur. Voyons, Sire, jetez un regard sur le passé, continua Salisbury en s'accoudant sur le lit du roi, et maintenant que les passions et les ambitions de la terre doivent vous paraître choses bien vides et bien méprisables, maintenant que vos cheveux ont blanchi et qu'il ne reste de ce que vous étiez autrefois que votre nom, dites-moi s'il n'eût pas mieux valu que je n'eusse rien à vous pardonner, et si vous ne préféreriez pas me voir venir à vous non pas comme un juge indulgent, mais comme un ami reconnaissant? Vous avez fait bien des heureux, Sire, vous avez fait bien des largesses, répandu bien des honneurs, vous avez fait grâce à des milliers d'individus entre vos mains; comment se fait-il, Monseigneur, que vous n'ayez pas fait grâce à la femme de celui qui vous était le plus dévoué, et qui eût donné en souriant sa vie pour vous, quoique sa mort eût dû le séparer de ce qu'il aimait le plus au monde?

Et malgré lui le comte sentait des larmes mouiller ses yeux, car il y a des douleurs que trente ans de solitude ne cicatrisent pas.

— Pardon, comte, pardon, fit le moribond, j'ai été bien coupable et j'ai souffert autant que vous.

— Étrange destinée, reprit Salisbury, qui vous force, vous, le roi conquérant, à me demander pardon, à moi, le chevalier obscur. Quelle est donc la puissance de Dieu qui fait si humble et si faible le cœur des rois les plus puissants de la terre !

Ce qui se passait dans Édouard est impossible à dire. Comme si son âme n'eût attendu que ce pardon pour abandonner son corps, il s'affaiblissait de plus en plus et ne pouvait que murmurer de temps en temps : « Merci, comte, merci. Dieu pardonne, Mo...

Alors, voyant que la mort approchait, le comte se leva et d'une voix solennelle, il dit au mourant qui expirait :

« Si vous avez fait autant de bien et autant de mal que pouvait en faire l'homme qui était le plus grand roi de son siècle. Vous avez fait mourir des milliers de créatures qui défendaient leur droit et leur bien ; mais celui à qui vous avez fait le plus de mal, Sire, c'est moi, car j'ai survécu au mal que vous m'avez fait ; eh bien ! au nom de tous ceux que vous avez fait souffrir et qui, morts ou séparés de vous, ne peuvent vous pardonner à cette heure suprême, je vous pardonne, Monseigneur, et je prie Dieu pour vous.

Un dernier sourire passa sur les lèvres d'Édouard, et il expira.

Alors Salisbury ouvrit la porte et dit à tous ceux qui attendaient :

— Messeigneurs, le roi Édouard III est mort.

Et traversant la foule des courtisans et des chevaliers, il quitta le château, sans que personne l'eût reconnu, et plutôt semblable à un spectre qu'à un homme.

FIN.

Sous Presse :

Le Peuple, par *Alexandre Dumas.*

Le Château de Blois, par *Alexandre Dumas.*

Le Roman d'une femme, par *Alexandre Dumas fils.*

Le Docteur Servans, par *Alexandre Dumas fils.*

Diane de Lys, par *Alexandre Dumas fils.*

Jacques de Brancion, par le Marquis *de Foudras.*

Mémoires d'un Fou, par *Xavier de Montépin.*

La Chasse aux Diamants, par *A. de Goudrecourt.*

Le dernier des Roués, par le Marquis *de Foudras.*

Le Bout de l'oreille, par *A. de Gondrecourt.*

Les Viveurs d'autrefois, par le Marquis *de Foudras et Xavier de Montépin.*

Un Drame en famille, par le Marquis *de Foudras.*

Un Caprice de grande Dame, par le Marquis *de Foudras.*

Dames de Cœur et Dames de Pique, par le Marquis *de Foudras.*

Les Gentilshommes chasseurs d'autrefois, par le Marquis *de Foudras.*

Un nouveau Roman de *Jules Lacroix.*

Impr. de E. Dépée, à Sceaux.

Ouvrages du Marquis de Foudras.

EN VENTE.

Suzanne d'Estouville	4 vol. in-8
Lilia la tyrolienne	4 vol. in-8
La comtesse Alvinzi	2 vol. in-8
Lord Algernon	4 vol. in-8
Madame de Miremont	2 vol. in-8
Tristan de Beauregard	4 vol. in-8
Les gentilshommes chasseurs . . .	2 vol. in-8
Les Chevaliers du Lansquenet . .	10 vol. in-8

(En collaboration avec X. de Montépin).

SOUS PRESSE.

Jacques de Brancion.

Le dernier des roués.

Un caprice de grande dame

Un drame en famille.

Les viveurs d'autrefois.
(En collaboration avec X. de Montépin).

Dame de cœur et Dame de pique.

www.ingramcontent.com/pod-product-compliance
Lightning Source LLC
Chambersburg PA
CBHW060503170426
43199CB00011B/1311